「うつ」から薬なしで二度抜け出した脳科学医最も効いた「ブッダの言葉」

元気が出る言葉で心が変わり脳も活性化

浜松医科大学名誉教授
高田明和

コスモ21

本書は、２０１３年小社より刊行された『念起こるこれ病なり　継がざるこれ薬なり』の一部内容を加筆・訂正し、改題・改装したものです。

「うつ」から薬なしで二度抜け出した脳科学医　最も効いた「ブッダの言葉」……もくじ

カバーデザイン◆中村　聡
制　作　協　力◆吉際企画

プロローグ　「うつ」は脳の病気ではなくて心の病だった！

私は今年で八二歳になりますが、脳科学医でありながら今までに二回、壮絶な「うつ」を体験し、それを薬なしで克服してきました。

最初にうつを体験したのは四〇歳になって間もない頃です。

私は家族とともに一九六六年からアメリカのニューヨーク州立のロズエル・パーク記念研究所に留学しました。それから六年後の一九七二年には、ニューヨーク州立大学の助教授にも就任しました。結果として九年間アメリカに滞在し、一九七五年に家族とともに日本に帰国しました。

そのとき四人の子供がいたのですが、誰も日本語はまったく話せませんでした。しかも、自分のことをはっきりと主張するアメリカ文化のなかで育っていたため、周囲との調和を優先する日本文化や学校の環境になかなか馴染《なじ》めませんでした。子供たちはそのことで大変苦労し、いじめられることもありました。

それればかりか、子供たちだけでなく、学問の世界にいた私も、はっきり自分の考えを主張したことが「協調性がなくて、自己中心的だ」などと受け取られることがたびたびありました。しばらくアメリカで研究活動をしていた私としては、ごく自然な振る舞いのつもりでしたが、周りの人にとっては、かなり違和感があったのでしょう。

こうした噂が私の所属していた学会にも広まり、科学研究費が出なくなったこともあります。研究こそが「命」だった私にとって、このことはとてもつらいことでした。「今後はどうなるのだろう？」と考えれば考えるほど、不安で心を病み、眠れない夜が続きました。

じつは、私は外見的には体格がよく、声も大きいので、周りからは「豪放磊落《ごうほうらいらく》な人」と見られていたようです。しかし本当の私は、この外見とはまったく違っていました。

学生時代から他人の意見や考え方に非常に影響を受けやすく、「自分はこのように思われているのではないか」「こんなことを言ったら嫌われるのではないか」「こんな行動を取ったら変に見られるのでは」などと不安で仕方がありませんでした。

余談ですが、このような性格は最近、「敏感すぎる人（ＨＳＰ）」と呼ばれ、詳しく解説した本なども出版されています。この超過敏の症状が進むと不安が増して、うつの状態になります。

そんな私の性格は、成人して家族をもち、アメリカという異文化の中で生活して帰国した後も変わっていなかったのだと思います。

自分の苦しい気持ちを正直に相談する人もいませんでした。目の前に立ちはだかる困難や将来への不安がつのると、「私みたいな人間は生きている資格がない」「こんな私は生きていく価値がないのでは」などと、思考が悪いほうへ悪いほうへと膨らんでいったのです。

私は脳科学や生理学をずっと研究していたこともあり、うつの臨床経験もありました。そのようなキャリアから、このような不安や苦しさを感じるのは「うつ」の症状だと確信したのです。

うつと言えばすぐに「薬」が思い浮かぶ人が多いと思いますが、私はお勧めできかねます。私自身のうつも薬では改善しませんでした。

うつ病の薬として盛んに使われているのは、「選択的セロトニン再取り込み阻害薬（ＳＳＲＩ）」と呼ばれる薬ですが、これは最初、統合失調症の薬でした。この薬を、うつ病の患者に投与すると効果は絶大でした。

臨床報告を見ると、

「それまでは頭のなかを同じことばかりが終始占領して、苦しい思いを続けてきました。現実にはなかったことに罪の意識を感じ、悩まされてきたのに、今、頭をいっぱいにしているのは、将来の計画です。罪責妄想《ざいせきもうそう》、貧困妄想が目に見えて減りました」

「今はそのようなマイナスのことを考えなくなりました」

などと述べる患者が多くいました。

製薬会社はこの報告を受けて、これをうつ病の薬として売り出すことにしたのです。その結果、生まれたのが「イミプラミン」という薬です。最近盛んに使われている「パキシル」という薬と似たような仕組みをもつ薬です。

これが多くの医師により使われたので、別の会社も似たような作用をもつ薬を開発しました。なかでも「プロザック」という薬は、米国のイーライ・リリー社で開発、販売され、莫大な利益を上げたのです。

ところが、最近プロザックとかパキシルといった薬が効かなくて困っているという人が増えているのです。ある学者の調査では、重度のうつ病では効果を示すが、中等度以下、つまり普通の人が苦しむ程度のうつ病では薬の効果はプラセボ（偽薬）と変わらないというのです。

なぜ薬は効かなくなったのでしょう。

それは、悩みとか不安は時代によって変わるからです。悩みや不安が変わると、それに対応する脳の部分も、以前とは異なってきたのです。

たとえば、先に触れましたＨＳＰですが、超敏感の人は「他人の言うことに影響を受けすぎる」「他人の顔色をうかがいすぎる」「自分に合わない人たちと付き合うことができない」などという症状をもって苦しんでいます。これは病気ではなく、性格のようなものです。

以前は、このような性格で非常に苦しむ人はあまり多くなかったのです。しかし近年は、

「空気を読まないと周りとうまくやっていけない」

「他人と協調しないと人生がうまくいかない」

という社会状況になり、そのことが苦しみや悩みを作りだしているのです。それに対応する脳の部分が異なってくるのは、当然のことと言えるでしょう。


話が少し脇道にそれましたが、私のうつは苦しいままでした。そんなあるとき、ある人からうつを克服するためのヒントをもらったのです。その人は当時、私が心から信頼している人でした。

そのヒントとは、

「自分を励ますような言葉を見つけたら、朝から晩までその言葉を唱えなさい」

というものでした。藁にもすがる気持ちだった私は、そのアドバイスに素直に従ったのです。


いろいろな言葉を見つけては試しました。当時、私をもっとも励ましたのは「困ったことは起こらない」という言葉でした。朝起きてから、洗面をしているときも食事をしているときも、仕事中でも、移動中でも、時間があればいつでも「困ったことは起こらない」と唱え続けたのでした。

また、同時に以前より興味のあった座禅や般若心経《はんにゃしんぎょう》の写経や読経も勉強し、実践していったのです。

そして何カ月か経過したある朝のこと。朝日に向かって座禅をしていると、まるで自分の身体の周りから、瓦《かわら》がはぎ落ちていくかのように、何かがはがれ、脱皮したような新しい自分が誕生したような気がしたのです。

その瞬間、新しい人生を始められる確信をもてたのです。

それから三〇年以上、何事もなく過ごしていました。その間、学者としても充実した人生を歩むことができましたし、安定した高齢期を迎えていました。ところが、七〇代に入った頃、あるとき気づいたら「二度目のうつ」が襲ってきたのです。

当時私は、テレビやラジオで顔が売れたこともあって、定期的に依頼される講演や、次々と出版される本の執筆などで、とても順調な日々を送っていました。身体もいたって健康で、これといった病や不安もない、極めて健全な状態だったのです。

ところが、どうしてなのか、漠然とした「不安」がわき出てきて、「心の苦しみ」がしだいに強くなっていきました。その状態はひどくなる一方で、家に引きこもることが多くなり、人に会うことを避けるようになりました。

それまではどんなことがあっても引き受けていた講演も断わっていました。外にまったく出ない人間になっていたのです。

そんなとき、二〇一一年の東日本大震災が発生しました。そのときの社会全体を覆う不安が、私の中の不安感を一気に増幅させたのだと思います。

何も手につかず、ぼーっとテレビを観ながら、時の過ぎゆくことにも気づかず無為の日々を過ごしていました。このままではいけないと思い、医師をしている弟に相談をしました。そして、ある大学病院を紹介してもらったのです。

そこで「双極性障害のⅡ型（躁状態とうつ状態を繰り返す）」と診断された私は、睡眠薬、抗不安薬、定評のある「抗うつ剤」などを処方されましたが、状態はいっこうに改善しません。それどころか副作用の心配が大きくなるばかりでした。

このままではいけないと思ううちに、一回目のうつから解放されたときのことを思い出したのです。一回目のうつの発症から三六年もたっていたので、恥ずかしながら完全に失念していました。

「最初のうつ」から私を救ってくれたのは、「薬」でも「カウンセリング」でもなかったのです。昔救われるきっかけとなったあの言葉が鮮明に蘇ってきました。

「自分が励まされるような言葉を見つけたら、できるだけたくさんその言葉を口に出して言いなさい」

そのときから、私は自分を励ます言葉を必死で探し始めました。一回目のうつのときは座禅や般若心経、読経といった仏教の修行法や言葉でしたが、二回目のうつで私が見つけたのは、仏教の根本にあるブッダ（お釈迦様）の言葉でした。自分の心に響いた言葉を見つけては、一日に何回も何回も復唱しました。

そうしていると、薄皮が少しずつはがれていくように、私の心が解放されていったのです。まるで心を覆う雲が薄くなってきて、光が雲の隙間から差しこんできたようなものです。光が出ればますます苦しみや不安の雲は薄くなり、心の輝きが増してくるのです。

　ブッダの言葉が私の心を変えていったのです。


　私は長年、脳科学についても研究してきました。その土台の上に立っている医学は、うつ病は脳の病気であるとしています。その治療には抗うつ薬を処方します。

　私も脳科学医ですから、当然、薬による治療が必要だと考えていました。ところが、自分自身がうつになり、その治療を受けることになったとき、そして薬を服用し続けているうちに、このままではうつが改善するどころか、副作用で身体全体の健康も害されてしまうと認識したのです。

　うつとは、本当に脳そのものの病気なのだろうか、脳の病気が改善されれば私の心のなかにある苦しみから解放され、心が安定するのだろうか。そもそも脳の働きと心のあり方にはどのような関係性があるのだろうか。

　私は自分自身がうつに苦しみながら、答えを探し求めていました。そこで体験的に行き着いた結論は、うつからの救いは、薬で脳に働きかけることではなく、言葉の働きによって心の苦しみや心のあり方を変えることだったのです。

別の言い方をすれば、うつのような「心の病」に関する限り、言葉には薬にないすごい力があるのです。

「言葉には、私たちの心を変える作用がある」。じつは、これが現在の脳科学の常識になってきています。

最新の研究によると、私たちの脳にはミラーニューロンと呼ばれる神経細胞があります。これはまさしく名前のごとくで鏡のような反応をする神経細胞であり、〝ものまね細胞〟とも言われています。

たとえば、ダンスの先生が踊っているのを見ている子供の脳のなかでは、驚くべきことが起こっています。踊っている先生の脳内部で活動している部分と同じ部分(ミラーニューロン)が活動しているのです。ですから、見ているだけでも似たようなダンスができるようになると考えられています。まさしく〝ものまね細胞〟なのです。

このミラーニューロンは、言葉に対しても同じように反応します。元気が出る言葉に接すると、もともとその言葉を発した人の脳の活動と似た活動を自分の脳も行うようになります。しかも、他の脳細胞にも刺激を与えて、脳細胞全体を活性化させるのです。

ミラーニューロンは、言葉を聞くだけでなく、思い出したり、自分の口で言葉を発することでも刺激されることがわかっています。ですから、私のようにブッダの言葉を読んだり口ずさんだりすると脳が活性化することは、十分、納得できるでしょう。「言葉には、私たちの心を変える作用がある」のです。別の言い方をすれば、元気な言葉で心のあり方が変わると、同時に脳も活性化して変わるのです。ですから、薬に頼らずとも、言葉の力でうつを改善できるのです。

私は自らの体験で、うつを治してくれるのは薬やカウンセリングより言葉の力であること、とくに「ブッダの言葉」にその力が大きいものがたくさんあることを発見しました。その意味ではブッダの言葉は「私たちをうつから解放してくれる」最高の妙薬ともいえます。

そこで本書では、私が日々口ずさんだ言葉のなかでも、とくにブッダの言葉を中心にまとめています。その言葉の意味や成り立ちなども詳しく解説してあります。あなたが心に響くと思った言葉は、その言葉の真髄を理解したうえで、ぜひ毎日繰り返して口にしてください。

気に入った言葉があったら、墨字で清書して部屋に貼っておくのもいいでしょう。言葉を繰り返すことと合わせて、負担にならないくらいの時間で座禅や写経をするのもお勧めです。

たとえば就寝前にしてもいいでしょう。言葉を繰り返したあと、とにかく何も考えずに心を空っぽにする時間をもつことで、「心の曇り」「心の闇」がなくなっていきます。

本書が、あなたを「うつ病」から解放する最高の本になることを切望しております。

著者

「うつ」の苦しみや不安な心から私を救ってくれたブッダの言葉

悪いことをすれば自分から汚れる、しなければ自分から浄《きよ》まる

――すべては自分が決めること、他人が決めることではない

法句経《ほっくきょう》（最古の仏教経典の一つ。ブッダの直説が多く含まれる）

うつ病の原因で多いのは、自分でやったことを「あれは失敗だった」と後悔し、自分を責めてしまうことです。原因が過去の出来事なのに、医師は薬を処方します。薬では過去は消せません。

過去を思い出さないようにするのは、私たちの心しだいなのです。

冒頭に紹介した言葉は、私たちの心について奥深い本質的なことを教えてくれます。自分から悪いことを意図し実行しなければ、自分が堕ちることはないのです。自分が清らかでいるのもいないのもすべて自分が決めることで、それは他人が決めることではないのです。

「過去を思い出して苦しむ、思い出さなければ苦しまない

他人のことを思って憎む、思わなければ憎まない
将来を考えて心配する、考えなければ心配しない
すべて自分の心が決めること」

この言葉も同じように心の大切さを表しています。

心がすべてを決めるということは修行についても言えます。室町時代の禅僧で、説話のモデルとしても有名な一休宗純《そうじゅん》ですが、その一休禅師の言われた「一寸の線香、一寸の仏《ほとけ》」という言葉は、線香一寸分の座禅をすれば一寸分だけ仏になるという意味です。つまり、それを少しでもやればやっただけのことはある、やらなければ何もないということです。

この世は宇宙の法則に基づき、因縁によってさまざまなことが生じては滅んでいきます。自分の思いや行いによって因縁をよい方向に変えられるのは、素晴らしいことではないでしょうか。

私たちの思いや行いは、私たちの人生を変えられるだけでなく、関係するあらゆる人たちの人生に少なからず影響を与えます。もちろんいっぺんには変えられません。

徐々に、まずは近くにいる人に影響を与えていくのです。

こうして私たちの言動は、網の目のように世界のすべての人々に影響を及ぼしていくのです。宇宙を変えているとも言えます。それも、私たちの心が何かを決めた結果です。このように考えると、心の力はじつに偉大だと思えます。心は宇宙の大きさをもつとも言えるのです。

私もあれやこれやと悩む心をできるだけ平常心になるように努めた結果、因縁もよい方向に変わり、うつも改善に向かったのです。

黙っている者も多くを語る者も非難される。非難されない者などいない
――他人は何をしても文句を言うもの

法句経

私たちは他人に批判されることを好みません。しかし、どのような人も非難されます。内閣の世論調査を見てもわかります。どんな党が政権をとっても、指導者は必ず

批判されます。歴史的にかんがみて名宰相と評価の高い人でも当時は批判されていました。

週刊誌を見ただけでも、この世に非難されない人は誰もいないことがわかります。もし、誰か非常に立派な人が現れ、多くの人の尊敬を集めるようなことが起きたとしても、しばらくすると週刊誌やメディアは、その人を貶《おとし》めるような記事を発信したりします。

人間関係でもそうです。あなたが尊敬する人の感想を他人に聞くと、「あの人にはこんな欠点がある」「あれがだめだ」「こんな悪い噂がある」などと非難ばかりです。何の評判もないとしたら、それは影響力のない、何もしなかった人ということでもあります。

もし、あなたが会議などであまり話さないようにしているとします。他人は、「あの人はいつも何も発言しないじゃないか」と批判します。反対に、会議でいつも発言し何かを主張すれば、「あの人はいつも大声で主張ばかりしている」と言われます。

また、会議で適当に発言し、発言すべきでないときは黙っていると、「あの人は要領がいい」とこれも非難されます。

非難を恐れれば小心になり、人の意見を気にしすぎるようになります。人の意見を気にするという性質は日本人にとくに多いようです。

しかし、このように相手の意見のみを気にすると、決して心の平和は得られないということをこのブッダ（お釈迦様）の言葉は述べているのです。

他人は何をしても文句を言うものです。そう思うとずいぶん気が楽になります。相手が自分を批判しても気にせずに、自分は正しいと思い続けましょう。それを気にしていたら心の平和は遠ざかるばかりです。

うつを克服するために、このことは非常に重要で有効な言葉なのです。

黄金《こがね》の雨を降らすとも欲が満たされることはない

――足るを知る

法句経

私たちは無意識に自分を喜ばそうとして、喜びを与えてくれるであろうものに執着し、それを自分のものにしようとします。たとえば、使い切れないほどのお金があっても、もっと欲しいと思います。また、昔から権力者は不老不死を願いましたが、それは得られていません。

つまり欲には切りがなく、最後はみな満たされないのです。すべての人の業《ごう》の貯金は同じくらいです。ですから、非常に幸せそうに見える人でも、そうでない人と同じくらい幸せでない部分をもっているのです。自分も他の人と同じくらいの運で生きていると考えることが大切です。これが「足るを知る」ということです。

ブッダはさらにこう述べておられます。

「もしも一切の安楽を受けようと欲するならば、一切の愛欲を捨てねばならぬ。一切の愛欲を捨てた人は、実りきわまりない楽しみを受け、栄えるであろう」

「諸々《もろもろ》の欲望に従っている間は、心が満足を得ることがなかった。しかし欲望から退き反省してみて、明らかな智慧《ちえ》によってよく目覚めた人々は、じつに満足しているのである」

「欲望によっては満足することがないから、明らかな智慧をもって満足するほうが勝《すぐ》れている。明らかな智慧をもって満足した人を、愛執が支配することはできない」

「足るを知る」は、もたない者よ、諦めなさいということではありません。もっている人もそのもち物に執着し、もっと手に入れたいなどと欲を出したら、幸せを得ることはできないという教えです。

人は人生の終着駅、つまり死ぬときは次の世に何ももっていけません。子供や孫に何かを残したとしても、それを見ることはできません。子供や孫たちが、残した遺産で争うことも十分に考えられます。

「財多ければ還《かえ》って己れを害す」という言葉もあります。財産はかえって私たちを不幸にすることもあるのです。

財産や快楽に喜びや意味をもたせようとしても、それは一瞬の楽しみでむなしいだけなのです。

皆さんもこのことを理解すれば、煩悩や苦しみ、うつなどを寄せ付けない、真の幸せを手に入れることができるのです。

眠れぬ者の夜は長し。真理を知らぬ者は人生の道のりも長し

法句経

――心の平安を維持することが肝要

不眠に悩む人が最近は増えています。夜寝ようとすると、あれこれと今日起きたことが思い出されたり、明日しなければならないこと、ずっと気がかりなことなど、いろいろなことが頭に浮かび、寝つけなくなります。

眠れなくなると時間が気になり時計を何度も見ますが、一向に時間は進みません。たまたま眠りに入ることができた場合には、気がつくと朝になっていたというように、時間がすぐにたってしまっているものです。

冒頭に引用したブッダの言葉ですが、本当は眠れぬ者の夜は長しではなく、「悩める者は眠れず、その夜は長し」なのです。悩める者は疲れやすく、疲れた者にとっては時間が長く感じられ、一日も長く、一生も長いのです。

心が疲れていて悩み苦しんでいる者にとって、時間はなかなか過ぎていきません。気が向かないことをしなければならないときや、周囲の人たちとうまくいっていないときは、その時間がなかなか終わりません。一日がじつに長く感じられるのです。

これは悩むこと、不満に思うことが多いからで、心の平安を維持できないから長く感じてしまうのです。

人生そのものでも同じことが言えます。生きること、仕事をすること、人と付き合うことなどに対して、正しい見方、仕方ができない人には、人生は長く、耐えがたく感じられます。

「明日もまたあんな人たちと会わなくてはいけないのか、これから毎日こんな嫌なことをしなければならないのか」

と悩む人にとって、人生の道のりはひどく長いものに思えてくるのです。

一日が、人生が長く感じられる人の夜も、眠れない時間として長く感じることでしょう。すっと眠りにつき、気づいたら朝だったという睡眠を得るのに、一番必要なのは、ブッダの言葉にもあるように「心の平安を維持する」ことなのです。

そのために私は、座禅をすることがよくあります。

臨済宗の高僧で円覚寺《えんがくじ》派管長をされた朝比奈宗源老師は、

「眠れないときなど、布団にもぐりこんでなんとか寝ようなどとしても眠れない。そのようなときには思い切って座禅をすると、その後で必ず眠れる」

と回想されています。

同じく円覚寺で修業された辻雙明《そうめい》老師も、初めて座禅をしたときに、丸太を倒したように眠れたと言われました。

読売新聞の社主であった正力松太郎さんは、戦後に戦犯として巣鴨に収容されました。そのときに毎日、一生懸命に座禅をしたところ、他の皆が裁判や将来のことで悩み、不安で眠れないのに、自分だけはすぐに眠れたと、のちに述懐されました。

私も寝そびれてなかなか眠れないような場合、思い切って座禅をします。すると必ず眠れます。

睡眠は前頭前野の抑制が視床下部に伝わり、そこから脳全体に抑制が広がることで起こります。睡眠はその状態の違いによって、「ノンレム睡眠」と「レム睡眠」という二つから成り立っています。ノンレム睡眠は、脳と身体が休んだ状態になりますが、レム睡眠の場合は、脳は活動していて、時としては夢を見たりします。

いずれにしても、なぜ眠れないのか、なぜ一日が長いのかといえば、いろいろなことを思い出し、脳が異常に興奮しているからです。興奮すると脳が覚醒《かくせい》しますが、この興奮を抑えるには単純な思いに心を向けることです。

前頭前野は単純な刺激で抑制される性質をもっています。よく「ヒツジが一匹、ヒツジが二匹……」と数えると早く眠れると教えられましたが、それは理にかなっています。座禅では呼吸を数えたり、簡単な言葉「無」を繰り返したりしますが、そうすることで、前頭前野の興奮を鎮め、眠りを誘うのです。

座禅と言えば、難しく思われるかもしれませんが、要は瞑想法の一つです。最近はストレス解消などを目指して、この瞑想法を企業研修などに取り入れる会社があり、瞑想への関心が高まりつつあります。そのやり方は、あぐらをかいた姿勢が瞑想しやすいということなので、簡単なやり方を紹介します。

できるだけリラックスして座ることがポイントです。ゆったりした服装であぐらをかいて座ってもいいですし、椅子に座った姿勢でもいいのです。

そして、以下のことを行いましょう

・目は完全に閉じず、半眼にして、自分の呼吸に意識を集中させる。
・これまでにいちばんホッとできた情景などを思い浮かべる。
・呼吸は、息をお腹の下に入れるつもりでゆっくりとする。
・ひたすら自分の呼吸のことだけを考える。
・この状態を一五分ぐらいを目安に続ける。

思ってはならない。
思いは幸運を遠ざけ、自己の心をうち砕く

――自分の心を傷つけるようなことは思い出さない

法句経

社会が不安定で行き先の見えない時代になると、うつ病が蔓延します。うつ病の症状の一つは「何もやる気がしない」「身体が動かない」というものですが、自分を責める気分になるのも特徴的な症状です。

「自分はなぜあんなことをしてしまったのか」
「自分はだめな人間なんだ」
と自分を責める気持ちです。マイナスのことをあれこれと思いめぐらせてしまうのです。

私たちはもともと、〝仏心《ぶっしん》〟と呼ばれる永遠に続く清らかな心をもっています。しかし、

妄想や煩悩、執着の雲がこれを取り囲み、この清らかな心の発現を妨げているのです。自分を責めるような考えや思いは、この雲をますます厚くするだけです。心の光は消えてしまい、悩みや苦しみが心を支配してしまうのです。

うつが進むと、自分を否定し、自分はだめだという気持ちも増幅し、無限の力を秘めているはずの心が自分自身を攻撃し、破壊することになってしまうのです。このような自己破壊の力にいったい誰が対抗できるでしょうか。

私自身も日々、心がけているのですが、自分の心を傷つけるようなことは、極力思い出さないようにしましょう。思い出しそうになったら、違うことに注意を向け、同じことを繰り返して思い出さないようにしましょう。

そして普段の生活の中で、ブッダの言葉に代表されるような真理の言葉に触れ、それを心の糧として生きていけば、曇った心が晴れてきて清らかな心に変わっていくはずです。

人間に生まれるのは爪の上の土くらい難しい

――人として命を受けることはまことに幸運である

涅槃経《ねはんぎょう》（ブッダの入滅を叙述しその意義を説いた経典）

ある日、ブッダは弟子の阿難《あなん》を連れて道を歩いておられましたが、ひょいと大地の土をつまみ上げ、親指の爪の上にのせ、阿難に尋ねました。

「阿難よ、この爪の上の土と、大地の土とどちらが多いと思うか」

阿難が、

「それは大地の土のほうが多うございます」

と答えると、ブッダは、

「その通りだ。およそこの世のなかに、生命をもって生まれて来るものは、この大地の土ほど多い。しかし、人間に生まれるものは、この爪の上の土くらいしかいないのだ。人間の生命を大切にし、その尊い意義をまっとうせねばならない」

と言われたのです。

このように人として命を受けることは、まことに幸運と言わざるをえません。しかし、人間の世もみな、幸せに満ちているわけではありません。さまざまな境遇に生を受けます。そのなかでももっとも幸せな境遇は、仏の教えを知ることができることです。

開経偈《かいきょうげ》（読経に入る前に唱える文）には、

「無上甚深微妙《むじょうじんじんみみょう》の法は
百千万劫《ひゃくせんまんごう》遭《あ》い難し
われ今見聞し、受持《じゅじ》することを得たり
願わくは　如来の真実義《しんじつぎ》解《げ》したまえ」

とあります。

百千万劫の「劫」とは、一辺四十里（約百六十キロメートル）の岩を、三年に一度、天女が舞い降りて、羽衣でなでで、岩が擦り切れてなくなってしまうまでの時間だそうです。羽衣でなでて岩が擦り切れることはないでしょう。それが無くなる時間というのは、無限の時間という意味です。そんな「劫」を百千万回、繰り返しても、ありがたい仏の法は聞けないものだ。それがお経のおかげで今聞くことができる、という意味です。

辻雙明老師は、

「この言い方がオーバーだと思う者は、まだ仏教の本質がわかっていない」とまで言われました。そのくらい仏教の教えに出合うのは難しいのです。

私は人間に生まれ、仏教の教えを知る幸運を受ける身であることに感謝するのみか、座禅をすることができ、お経を唱えることもできて、いかに幸せかを痛切に感じています。

我々は、ともすれば人生の苦しみにばかりに目を向けがちです。そして人との不公平を恨む気持ちにとらわれやすいものです。しかし、五体が満足なだけでも大変な幸せなのです。もし、身体や心に問題があっても、ブッダの言葉に触れて心の安心を得られれば、十分な幸せに包まれます。

私は、ブッダの教えは普遍的で、心や身体に障害がある人も含め、すべての人に当てはまると思っています。かりに「自分は例外だ。当てはまらない」と思う人がいるなら、それはブッダの言葉への理解がまだ足りていないのかもしれません。

自分のもっている悪いところのみを見るのはやめましょう。自分の恵まれた点を探し、感謝しましょう。その第一は人間として生まれてくることができたことではないでしょうか。これ以上の幸運はありません。これに比べれば、財産、地位、美醜などは微々たるもので、ちょっとしたことに過ぎないのです。

何か嫌なことがあったときに、私はいつもこの原点に返り、自分の幸運に感謝しています。

もろもろのことは因縁によって生ず、因縁を離れて生ずるものなからん

――徳を積まなければすべてを失う

法句経

因縁という考えは、よく籾《もみ》と米の関係にたとえられます。籾はそのままでは米にな

りません。苗床に植え、田んぼに移し、雑草や害虫を排除し、暴風雨から守り、太陽の光をたくさん受けることで米が実ります。因縁は籾であり、結果は米です。ものごとにはすべて原因があり、そこに縁が働いて結果が生ずるという因縁と縁起は、ブッダの理論の本質を示しています。

米が実るようにする外的な要素、つまり苗床から太陽に至るまでのさまざまな条件が縁起です。

因縁も縁起も人の目には見えません。しかし、それは二四時間休むことなく働き続けています。そして、私たちの人生に影響を及ぼし続けているのです。

円覚寺の管長をされた古川堯道《ぎょうどう》老師は、

「若いときに不陰徳をした人の晩年は必ず悪い」

と常々言っておられました。

陰で不道徳な行為や悪事をかさねても、「ばれないから」などとたかをくくっていると因果の法則から逃れることはできず、いつかはツケを払わなければならなくなります。

京セラ創業者の稲盛和夫さんも『生き方』という著書の中で、

「晩年まで活躍する人は必ず徳を積んでいる人で、そうでない人は途中で必ず挫折するか不幸になる」

と述べています。

ブッダの言葉のなかにもこうあります。

「もし悪をなすならば
それは業につまれ
もし善をなすならば
それも業につまる
人は業を受け継ぎ、滅びることなし」

若い頃は、頭で理解できても、自分のこととして実感することは、なかなかできないものです。私もそうでした。

この言葉を頭で理解するだけでなく実践していれば、もっとよい晩年が迎えられただろうと後悔するほどです。

成功や名声、富などはあくまで一時的なもので、徳を積まなければすべてを失う日がくる、というのがこの言葉の意味なのです。

一方で、縁起と因縁の関係があるからこそ、私たちは変わることができ、運勢をよくすることができるのです。そうでなくては、人生はすべて生まれたときに決まっているという宿命論を信じるしかありません。

ブッダは、宿命論は間違いだ、人生は自分で開拓できるという信念のもと、因縁の法則を説かれたのでしょう。

今はうつで苦しかったとしても、それは宿命として変えられないことではなく、日々いい言葉に心を共鳴させていれば、必ず改善していくのです。

愚かな者は子のことで悩み、財で悩む。だが、子も財も自分のものではない

——この世界に自分のものなど一切ない

法句経

ブッダは苦しみの原因を分析し、一二の因縁を観察されました。

まず私たちは根本的無知（無明《むみょう》）により盲目的性行動（行《ぎょう》）を起こし、個人が成立します（識《しき》）。母胎内で精神と肉体（名色《みょうしき》）が眼耳鼻舌身を形成します（六処《ろくしょ》）。生後、次第に外界に触れて（触《そく》）、外界のあらゆる力を受け入れ（受《じゅ》）、事物に愛着を覚え（愛《あい》）、それらを獲得します（取《しゅ》）。

そして所有の意識をもち（有《う》）、生存の自覚に入ります（生《しょう》）。そして最後には生の終わりを迎えるのです（老死《ろうし》）。

つまり、対象に愛着をもち、それが自分のものだと思う意識が所有観念になり、自己という意識を作り上げるのだというのです。

しかし、それは幻覚に過ぎない、この世界に自分のものなどはないと教え、そんな執着があるからこそ真の眼が開けず、誤りばかりを犯し、苦しむのだとされました。

禅でも「本来無一物《ほんらいむいちもつ》」、つまり、この世界に私などというものはないと諭《さと》します。私たちの身体は宇宙から借りてきたもので、死ぬにあたってはこれを宇宙にお返しする、それは原子、分子になって宇宙の構成分になってしまうのだというのです。

自分といえども「借りものの身」なのです。ましてや自分の子供も所有物ではありません。所有するものでないものが、こちらの言う通りにならなくても仕方ないのです。それを「親の言う通りにしろ」と押し付けること自体が無理なのです。

最近では、家庭内に問題を抱える人が多くなっています。親が子を殺害し、逆に子が親を殺《あや》めるという悲惨なことも起こります。

その事情を聞くと、子供を自分の思うがままにしたい、それが子供にとってよいことだ、それが本当の愛情だと思い込んでいることが多いのです。しかし、それが子供にとってはプレッシャーになり、苦しみを与えてしまうこともままあるのです。

〝わがものと思えるものは何もない〟、その自覚がかえって子供への真の愛情になり、良好な親子関係を構築する基になります。

達磨《だるま》大師から六番目の祖師《そし》（法を伝えた歴代の高僧の尊称）である六祖慧能《えのう》も、

「本来無一物、いずれの処《ところ》にか塵埃《じんあい》を惹《ひ》かん」

と述べられました。この世には私の所有するものは何もない。ただあるのは浄らかなレンズのような心、写すだけの心であり、曇らせる何ものもなく、塵一つないのだ、という意味です。

所有欲に駆られて自己中心になると、周りとのいさかいも生まれ、人間関係がうまくいきません。自分への所有欲（執着）が強ければ強いほど、うつ状態もひどくなります。皆さんも十分に気をつけてください。

他人《ひと》の過失を見るなかれ。ただ自分のしたことと しなかったことだけを見よ

――他人を責める前に自分を見直す

法句経

これは、ただ自分の行いだけを反省しなさい、ということではありません。人の欠点は目につきやすいが、自分も同じように欠点をもっていることに気づきなさい、自分の過失を許してもらいたいなら相手の過失も許すべきだ、と教えているのです。

ブッダはその教えのなかでいく度も他人を責めてはいけないと述べています。

「他人の過失は見やすいけれども
自己の過失は見がたい
人は他人の過失を籾殻《もみがら》のように吹き散らす
しかし自分の過失は隠してしまう」

私たちは、とかく他人のみを責めます。とくに、自分がうまくいかないときには「あ

の人のせいだ」と考えがちです。

しかし、失敗の原因は、じつはこちらの態度や言葉づかいにある場合が多いのだよと、ブッダは諭《さと》すのです。このような教えが無数にあるところにブッダの永遠性があるのです。

読経の前に読まれる『開経偈《かいきょうげ》』に、

「ブッダの無上の教えには百千万劫《ひゃくせんまんごう》（ほとんど永遠にという意味）会い難い。その経典にふれる機会を得た今こそ、真実の教えをわからせてください」とありますが、まさにその通りです。

中国の古典である『寒山詩《かんざんし》』にもこうあります。

「人の悪を攻むるを須《もち》いず（人の悪はとがめ立てするな）

己の善を伐《ほこ》るを須《もち》いず（自分の善は自慢するな）」

また、中国の古典の一つであり、明時代の修養書である『菜根譚《さいこんたん》』にも、

「人の小過を責めず（小さな失敗は責めるな）

人の隠私《いんし》を発《あば》かず（隠しごとも詮索するな）
人の旧悪を念《おも》わず（古傷はそっとしておけ）
三者をもって徳を養うべし（この三つを守れば人格が高められ）
また害に遠ざかる（人から攻撃されることもない）」
とあります。
なのに私たちはこの逆をしてしまいます。人の悪口は言い放題、人の失敗もあばき、自分の自慢をし始めます。
これでは人間関係を損なうだけでなく、因縁の法則によって将来に不幸を背負いこんでしまうのです。心の平安を維持できず、結局は自分の心が病んで、うつで苦しむことにもなります。
日々、ことあるごとに注意したいものです。

精進すれば、事として難《かた》きもの無し

――もう少し我慢すればうまくゆく

仏遺教経《ぶつゆいきょうぎょう》(ブッダが最後に説いたとされるお経)

ブッダが入滅《にゅうめつ》されるとき、弟子たちに言われたお言葉です。

「汝ら比丘《びく》、もし勤めて精進すれば事として難きもの無し。是《こ》の故に汝らまさに勤めて精進すべし。たとえば、少水の常に流るれば、能《よ》く石を穿《うが》つが如し。もし行者の心数々《しばしば》懈廃《けはい》すれば、たとえば火を鑽《き》るに未だ熟せずして息《や》まば、火を得んと欲すと雖《いえど》も火を得ること難かるべし。是を精進と名づく」

古代では木の棒を板に当てて、揉むようにまわした摩擦熱で火を起こしていました。そのときに一気に摩擦せずに途中でやめたなら火を得ることはできません。やかんの湯も、途中で火を止めれば湯は沸騰しません。

修行もこれと同じで、何年やっても悟れないのは、修行が悪いのではなく途中で諦めるからです。最後までやれば、必ず悟れるとブッダは諭《さと》します。

つまり、事が成るには、事が成るような条件が整わなければだめなのです。事をなす過程ではさまざまな邪魔が入ることもあります。努力してもいろいろな問題が起こり、どうしても難局を乗り切れないと、つい「もうだめだ。自分の限界だ」などと思いがちです。宇宙の法則は厳正です。過去の悪因のすべてが帳消しにならないと、道は開いてはくれないのです。

朝比奈宗源老師は、

「この厳正さがあるから運は信用できるのだ。ごまかすことはできない。時節が来なければ運は開けない。しかし時節が来れば、どんな邪魔があろうとも次々とよいことが起こり、事を成就させる」

と言っておられます。

自分の運に対して「なんでこんなひどい目にあうんだ」と恨んでも、運は決して耳を傾けてくれません。そして、時節が到来し成功するとき、他人が「なぜあいつばかりうまくいくんだ。失敗せよ」とわめいても、その人の運は去ることはないのです。

私自身のことを振り返っても、うまくいかないときは、何をしてもうまくいきません。どうしてだめなのだと頭を抱え、道はないのかと悩んだこともしばしばです。そういうときは、決して自分のよいように事は進まないのです。

ところが、時節が来るとすべてが整ってきます。同じことをしても信用されるように、周囲がお膳立てをしてくれるのです。その結果、なおうまくいくようになります。

「もう少し我慢すればうまくいったのに」と思われる人が、途中で諦めてしまう姿を何度も見てきました。本当に残念です。

一生懸命に努力している姿は人の心を打ちます。何とか手伝ってやろうという気にさせます。その人の素質を見抜き、アドバイスし、援助する人が出てくるのです。どこで、どのような人が現れ、どのような道を提示してくれるかわかりません。しかし、諦めてしまった人を、人は助けないのです。

私の知っている著名な方たちは、皆、人知れぬ努力をしています。その精進が彼らの今日を築いているのです。

自分のすぐ近くに想像もしなかった新しい道が現れる可能性もあるのです。

私は、近い将来の運命は決まっている、自分が知らないだけだと思っています。それは因縁の法則で決まっているのです。

それを知らずに、今やっていることをやめてしまえば、せっかくの機会を逃すことにもなりかねません。

うつもこれと同じです。ブッダのよい言葉を繰り返し口ずさんでいると、必ず改善していくでしょう。

私はあなたの罵《ののし》りの言葉を受け付けない。だから罵った言葉はあなたのものである

――他人に非難の言葉を発すると、その人が不幸になるだけである

相応部経典《そうおうぶきょうてん》（仏教最古の経典であるパーリ語経典の第三番目を構成する経典）

これは日常生活の中で、さまざまな批判や誹《そし》りを受けたときに、どう対応したらよいかを示した言葉です。

相手から非難の言葉を発せられても、それをこちらがまともに受け取らなければ、こ

ちらは傷つきません。不幸にもなりません。人に非難の言葉を浴びせた人が不幸になるだけです。

私の体験でも他人を批判すると、その言葉はいつの間にか多くの人の知るところとなり、それらの人から自分が批判の目で見られるということがしばしばありました。人を批判したり悪口を言うと徳を損ない、結局は言ったその本人が不幸になるのです。

相手の言った悪口は相手のものだということは、悪口を言った本人に悪い運が来るということです。

非難に対して非難で応ずるようなことをしてはいけません。ブッダは非難に非難をもって応ずれば、自分の人生を損なうだけだ、だから非難を受け入れないことだと教えます。

幸不幸の判断は、当人の受け取り方一つです。百人のうち九九人が「不幸が起きた」と思うことでも、自分がそれをプラスに受け止めれば幸福です。九九人が「こんな幸福なことはない」と感じても、自分はそんなことはないと満足できなければ、不幸になるでしょう。

よって、どんなに非難されようが悪口を言われようが、気にしなければ幸不幸には影響しないのです。

ブッダのこの言葉は、当時多くの人に信じられていたバラモン教とは、まるで違うものでした。バラモン教は神の教えを強調し、神に祈れば多くのことが許されるという思想です。それに対しブッダは、あくまでも自分のやったことは自分に返ってくるという、因縁の法則を説いたのです。

読者の皆さんも、他人の非難を気にすることはありません。気分が沈むだけです。気にするだけ損だと、受け流すことだけで「うつ」から解放されるのです。

自分は優れていると考えてはいけないし劣っているとも考えてはいけない

——考えない、思い出さない訓練をしよう

経集《きょうしゅう》（古い経を集めた経典。日常的に読誦されるお経として一般に親しまれている）

私たちは何かを考えるとき、ついつい人と比べたり、昔と比べたり、理想と比べた

りします。しかし、自分が優れているとか、他人より劣っているとか、そういう心のあり方は私たちを不幸にする、というのがブッダの教えなのです。

昔の人は、

「もの思わざるは仏の稽古《けいこ》なり」

と言いました。

では、仏の稽古とは何でしょうか。

仏教では、私たちは本来、仏と同じ心をもっているとします。罪の穢《けが》れもなく、清らかで、しかも永遠に続く心です。この心は「仏心」「仏性」「法身」などと呼ばれていますが、私は「本来の心」と呼んでいます。

皆、清らかな「本来の心」をもっているのに、恨みとか憎しみ、怒り、嫉妬などの妄想、そして「欲しい」「奪いたい」という煩悩にとらわれてしまうのはなぜでしょうか。それは、本来の心を妄想、煩悩の暗雲が取り囲み、本来の心の光を奪ってしまっているからです。

しかし、その妄想や煩悩を払おうとしてもなかなかうまくできません。努力すればするほど、かえってそのような邪心は増幅してしまいます。

ですから、「振り払おう」と考えないほうがいいのです。私たちは清らかな本来の心をもつと同時に、それを取り囲む妄想、煩悩の雲ももっていると認めてしまうのです。そして、振り払おうとせず、そのままにしておきます。すると、暗雲はしだいに薄くなり、本来の心の光が見えてきます。

じつは、本来は暗雲などない、というのがブッダの教えです。それをあると思って何とかしようとするから、暗雲はますます厚くなり、心の光を通さなくなると諭しているのです。

雲も近くで見れば水蒸気です。遠くから見れば暗雲でも、水蒸気がそう見えるだけであって、暗雲という実態は存在しないのです。これを存在するものとして扱うと、暗雲はますます厚くなってしまいます。

放っておけばよいのです。そのためには、そもそも考えない、思い出さないようにするのがいちばんなのです。

「もの思わざるは仏の稽古なり」とは、ここをいうのです。考えないと心は次第に仏に近づきます。仏の心が現れてくるのです。

明治時代、鎌倉・円覚寺の管長をされた釈宗演《しゃくそうえん》老師は、世界的な仏教学者・鈴木大《だい》拙《せつ》を通訳として世界に「ZEN」を広めたことや、文豪・夏目漱石もこの寺に参禅したことで知られています。

その老師も、

「過去をなるべく思わないようにし、年をとっても未来を常に考えるようにせよ。これが心を傷つけない生き方だ」

と述べています。そして、

「いたずらに過去を回顧して死んだ子の年を数えるようなことをするのは、もはや半死というべきで、すぐ目の前に棺桶が控えています」

とも述べています。

私もさまざまな思いで心が苦しいとき、過去を思い出さない、考えないようにしていれば、心が軽くなる経験を何度もしています。

自分を苦しめず他人を害しない言葉のみを語れ。それが善い言葉である

経集《きょうしゅう》（古い経を集めた経典）

――言葉が「運」を左右する

私たちは悪い言葉を投げつけられると、相手にも悪い言葉で仕返しをしようとします。このことは相手を傷つけるだけでなく、自分をも傷つける結果となります。

それを避けるため、ブッダは

「悪口をやめよ
高慢であってはならない
自分の利益をはかるようなことは言うな
傲慢《ごうまん》をやめよ
相手に逆らうようなことを言うな」

と、教えています。

傲慢であってはならないというのは、それが相手を傷つけるだけでなく、自分にも跳ね返ってくるからです。

そうは言っても、私たちは常に好意的な人物と一緒にいるわけではありません。嫌いな相手や、立場や肌合いが違う相手と一緒にいなければならない場合がしばしばです。そんな場合は、どうしたらよいのでしょうか。

それは、無視するのがいちばんです。相手の言葉や態度に反応してはいけません。相手について考えないことです。そんなことは時間の無駄と割り切りましょう。

ブッダはこうも諭しています。

「人を傷つける言葉を言うことなかれ
言われし者は必ず言い返す
怒りを含む言葉は苦痛を与え
その報いは必ずわが身に至る」

悪い言葉を口に出すと自分の徳を損ない、運を悪くするのです。普通は言葉が運を左右するとは考えないでしょうが、それを教えてくれたところにも、ブッダの偉大さがあります。

言葉では、ひと言なりとも相手を傷つけないようにするべきなのです。日本では言葉は言霊《ことだま》といって霊的な力をもつと信じられています。これをブッダの考え方と結びつけると、言葉はそれを口にした人間を幸福にも不幸にもするということになります。私もカッとするところがあり、相手に対して悪い言葉をずいぶん使ってきました。それにより、運気がかなり下がったこともあると自覚しています。今は、大いに反省しているところです。

悪いことをするよりは、何もしないほうがよい
――わからないことはやめておく

感興《かんきょう》語（仏教最古の経典であるパーリ語経典のなかの一つ）

この言葉のなかの「悪いこと」を「間違ったこと」に置きかえると、もっと言葉の真実が見えてきます。

「間違っているかどうかわからない場合は、やらないようにしたほうがよい」
ということです。

私は人間関係で間違いを犯したと思うと、すぐに謝ることにしていました。しかし、親しい人から本当に間違いをしたかどうかわからないのに謝ってしまっていると言われました。事態がまだ判別しないのに謝れば、かえってこじれてしまうと言うのです。

これもブッダの教えに通じるものとして、今は大切にしています。

「重要な手紙は一日おいて出せ」とは、古代の哲人の教えですが、せっかちな私は重要な手紙やメールでもすぐに書いて投函してしまい、相手に迷惑をかけることもしばしばでした。

「沈黙は愚者の智恵」という格言もなるほどと身にしみる言葉です。

悪いことをすれば、因果の法則から悪い運が来ます。意図したものでも、意図しないものでも、結果は同じです。

ですから、「これがいいことか、悪いことか」わからない場合は、何もしないほうが自分のためなのです。

法句経にも、こうあります。

「善をなすのを急げ
善をなすのにのろのろしたら
心は悪事をたのしむ」

急ぐのは善だけでよいのです。

また、このような言葉も書かれています。

「まだ悪の報いが熟しないあいだは
悪人でも幸運に遭《あ》うことがある
しかし、悪の報いが熟したときには
悪人はわざわいに遭う」

悪をなしても、しばらくはその報いがわからないことがあるのです。ですから、善悪がわからないときは、何もしないほうがいいのです。

常にほめられる人はなし

――人の評価・判断はあてにならない

法句経

法句経（ダンマパダ＝真理の言葉）には、「ただ非難されるだけの人、ただ賞賛されるだけの人は、過去にもなかったし、未来もないだろう。現在もいない」とあります。

私たち日本人は、極めて他人の目を気にします。リオ・オリンピックの際にも町中で日本のマスコミが、ブラジル人に「日本選手の活躍をどう思いますか」などと聞いていました。日本への評価が気になるのです。

しかし、世界の人たちは私たちが思うよりもはるかに日本に関心をもっていないのです。そもそも、世界中どこに行っても、皆自分の生活のことで精いっぱいです。日本人だってそうではないでしょうか。

このように日本がどのように見られるかを気にする国民性は、自分のことについても評判をやたらに気にします。何か言われると、その人は自分に好意があるか、好意がない場合には、どうしたらその相手に自分が立派だということを知らしめることができるか、などと考えています。

ブッダの言葉はここをついているのです。この世にはいろいろな人がいて、どのような人の行動、意見に対しても賛否両論があるのです。もし、誰からもほめられる人がいるとすると、「あいつは八方美人だ」などと批判する人が必ず出るのです。

同じことは批判についても言えます。すべての人に非難される人はいないのです。必ずその人の味方がいるのです。ヒトラーでも讃美者《さんび》はいました。

京都で奉仕の生活を実践しようとした西田天香《にしだてんこう》という人がおられました。この人は若い頃に北海道で五〇〇ヘクタールもの土地の開拓事業に従事していました。卓抜な能力で実業家としても将来を期待されていました。

しかし、開拓を進めるうちに資本家と労働者の間の軋轢《あつれき》に悩み、事業を人にゆだねて、もっと本質的な生き方をしようとしました。

彼は三日三晩の断食の修行を経た後、赤ん坊の泣き声を耳にして突如悟りに入り、

「一燈園《いっとうえん》」（争いのない生活を実践する宗教団体）を始め、奉仕の生活に入りました。それは「無一物」「路頭」を原点にした懺悔《ざんげ》と奉仕の生活でした。一燈園の信者は見知らぬ家に行き、「便所をきれいにさせてください」と頼み、便器を磨き、当時の肥《こ》え貯《だ》め桶《おけ》、つまり便を溜める桶をきれいにし、その中身を畑に肥料として播《ま》き、「ありがとうございました」と言って帰ってくるのです。

臨済宗妙心寺派の管長をされ、昭和初期の代表的な禅僧である山田無文《むもん》老師は天香さんと一時、一緒に修行をしたことがありました。そのため天香さんを非常に尊敬していて、常に彼をほめる文章を書いていたのです。

ところが、あるとき、一流雑誌に「西田天香はいかにペテン師か」という文章が載ったのです。これを読んだ九州の女性が「あなたはいつも天香さんのことをほめているが、この文章をどう思うか」と言って、雑誌を送ってきました。

無文老師は「このような質問が一番困る。言いたい人には言わせておくしかない」と言って、法句経のなかにある「常にほめられる人はなし」という言葉を引用されたのです。

まったくその通りです。人は立場が違う人からは、別の評価をされます。ちょうど、正面の顔と横顔が違うようなものです。また、その人の影を見て判断する人もいるでしょう。あるいは関係が悪い人が憎んで意見を述べることもあるでしょう。人の判断はあてにならないのですから、結局自分でよいと思ったら、信ずるしかないのです。

私自身はブッダを心から信じ、この方がいなければ、この方の教えに触れなければ、今日の私はない。それどころか私の人生が悲惨なものになったことは間違いないと思っています。

しかし、ブッダの言うことを信じない人はいますし、ブッダの生き方を批判する人も多くいます。

「信は道源功徳の母なり」（信じる心がなければ尊い教えを受けることもできず、功徳を積むこともできない）という言葉があります。幸福になるために必要なことは「徳」です。

徳を得るには、よいことをする、よい生き方をする、よい言葉を話す、正しい職につく、正しい思いをもつなどの「八正道《はっしょうどう》」とも呼ばれる八つの生き方を実践しなくてはなりません。

しかし、私たちはなかなかこのような正しい生き方はできません。もし「信じる」こと、つまり般若心経やブッダの言葉のなかにある「信じる」ということが確立できれば、この八正道は実践されたようなものなのです。また、徳も積まれているのです。ですから、ブッダの偉大な言葉でも、その言葉が力をもつのは、あなたがその言葉を信ずる場合のみです。般若心経がその絶大なる力を発揮できるのは、あなたが般若心経を信ずるときのみなのです。疑っていては、何の力も得られません。

天香さんの例をとるなら、奉仕の生活が大事だ、それを実践した西田天香さんが偉大だと信じて実践すれば、あなたは奉仕による計り知れない功徳を得るのです。一方、疑いながら実践するのでは、功徳は半減し結局、あなたの迷いが増すことになります。

あなたがよいと思っていて、それを実践するときに、「そんなことをしても意味がない」とか「騙《だま》されている」などと批判する人はいるでしょう。そのときに大事なのはあなたの決断です。信ずるのか信じないのか、実践するのか実践しないのかの決断です。

人の評価や意見など関係ないのです。もし、本当に信ずることができるなら、あなたは功徳を得ることができるのです。

若い頃から、私は人の評価を異常に気にしてきましたが、この言葉を知った頃から、心の平安が得られるようになったのです。

小悪といえども軽んずるなかれ

――「これくらい大丈夫だろう」という小さな悪が不幸の元になる

法句経

私自身が苦しんでいた最中に、いつも思い出したのがこの言葉です。もちろん、私も人間ですから、悪いことや人の心を傷つけるようなことをしてきました。

また、因縁の法則では「楽をする、つまり成功するということが業の借金を増す」

ことになるのです。本を書いたり講演をしたりして、ちやほやされるうちに徳を損なっていたのです。

悪と苦の関係についてブッダは、くどいほど何度も述べています。

「小悪といえども軽んずるなかれ。水滴のしたたりて　水がめを満たすがごとく　悪を積むものは　必ず災《わざわ》いに満たさるべし」

「悪をなし、報いの現れざるをもって　報いなしと思うなかれ。罪の報いの現れるや必ず苦しみを受く」

「苦しみを恐るる者は悪をなすなかれ　苦しみを厭《いと》う者は悪をなすなかれ。悪をなすものは苦を逃るることなし」

同じように善についてもブッダは述べています。

「善の報いの熟さざるとき　善人でも災いを見る。善の報いの熟せるときには　必ず幸福を見るべし」

つまり幸福も不幸も日頃から徳を積んでいるかどうか、業の借金をしているかどうかによるのです。

私は今までこの法則に反する例を見たことがありません。

私の知っているある経済人は、慶應大学の出身で親しくさせていただいていました。その人の親は、一代で財をなしたという立志伝中の人物でした。

本人も決して悪い人ではないのですが、事業がうまくいかなくなると他人の口耳《こうじ》（受け売りの知識）に乗せられて間違った事業に投資し、あっという間に倒産してしまいました。今は故郷を遠く離れたところで、息子夫婦のもとに身を寄せています。

彼のことをいろいろ言うのは批判がましいのですが、私の率直な印象を述べましょう。彼は父親の名に恥じないように生きたいと願っていたと思います。しかし、その重圧にあえぎ、何とか事業を大きくしようと無理に無理を重ねた結果、失敗したのだと思います。

自分で「しまった」と思ったときに無理をして人を騙したり、借金を重ねたようです。昔の彼を知る人は、別人になったようだと言っていました。そして今では彼のことを口にする人もいなくなったのです。

別の例は私の父のことです。父は悪い人ではなく、純粋と言ってもよい人でした。人の口車に乗せられ、借金の保証人になり、全財産を失いました。

それで諦めて何もしなければよかったのに、焦って知り合いや昔世話をした人からお金を借りまくりました。結果的に返すことができなくなったので、借金をした全員から恨まれたのです。焦ってじたばたしたことが、最悪の結果を生んだのです。

地位が高いということ、成功したということで徳を損なっている人もいます。医師などが比較的寿命が短いのは、そのためとも思われます。病などで苦しみに満ちている成功者の晩年も、その結果だと思われるのです。

人は地位が上がると、「今まであんなに苦労したのだから、これくらいは許されるだろう」とか「成功したのだから、これくらい当たり前だろう」などと傲慢になったり、人を見下したりするのですが、それが危険なのです。不幸に一直線に向かっているのです。これが、今までの努力を無にしてしまう行為なのです。

一方、失敗しても決して自暴自棄にならず、他人をうらやまず、自己を批判せず、劣等感をもたずに頑張れば、必ず目に見えない貯金が貯まり、幸福が近づくのです。このことは非常に大事だと思います。

現在のように先が見えず、皆が自分のことのみを考えているような時代には、成功や地位、名声といった〝挑発〟にのらず、地道に生きていくことが再起への近道です。これは道徳でも説教でもありません。ブッダが見つけられた宇宙の法則なのです。

人は注意していれば、大きな悪はしないものです。しかし、気づかないうちに「小悪」を積み重ねていることがあるのです。

無名のうちは誰も相手にしませんから、何を言っても大丈夫です。しかし、実力がついてきたとき、あなたは昔のあなたではないのです。ちょっとした発言、行為が他人に大きな影響を与え、相手を不幸にも幸せにもするのです。

幸福も不幸も自分の心の所産です。自分の心の在り様が幸福、不幸を呼び寄せるのです。自分しだいなのです。仏教は宿命説ではなく、自分で運命を変えられる教えであるということは、このことを言うのです。

「これくらいは大丈夫だろう」などと考えて、他人に冷たい態度をとったり、ごまかしたり、嘘を言ったりすることがあります。嘘も方便とか、諸般の事情からやむを得ずにそうした、と言い訳する人もいます。しかし、諸般の事情などということはありえないのです。因果の法則をごまかすことはできないのです。

山田無文老師は「こちらは二つの目で世間を見ているが、世間は何千、何万の目でこちらを見ている。一生懸命にやっている人を見逃すはずはない」と言っておられます。

本当にそうです。思い切って正直に生きてごらんなさい。必ず思ってもみない幸運に恵まれます。それがブッダの教えるところなのです。

「小さな善、小さな悪」の積み重ねが最終的な幸、不幸につながるのです。「これくらい……」という思いが浮かんだら、「そうではない、これくらいが危険なのだ」と思い直し、生き方を変えることが大事です。

不昧因果《ふまいいんが》（因果はくらまさず）といって、因果の法則は決してごまかせないのです。昔の人がよく口にしたように「お天とう様が見ている」のです。毎日の小さな善の積み重ねが、幸福をもたらすと信じて生きていただきたいと思っています。

勝つ者は恨《うら》みを受ける

——人生は勝ったり負けたりの繰り返し

法句経

どの分野でも成功者には嫉妬の目が向けられます。たとえ、周囲の人を犠牲にするようなことをしなくても、成功するということは、人から羨望《せんぼう》の目で見られるということであり、それが昂《こう》じて恨みを受けることになるのです。

法句経にはこうあります。

「勝つ者は恨みを受く　負くる者は夜も眠られず　勝つと負くるを離るる者は　寝ても覚めても安らかなり」

競争に負ける者は悔しく、また自分のだらしなさを責めて夜も眠られないのです。よく、不眠の人に「一日や二日眠らなくても死にはしない。その後眠くなるから、起きていればよい」などとアドバイスする人がいます。若いときはその通りです。

しかし、中高年になり、多くの競争にさらされ、勝ち負けのある人生を送るようになると、夜目覚めているときなどに負けたときのことが思い出され、競争に勝った相手を思い出し、うらやましさ、自分のだらしなさ、あるいは「あのときにこうすればよかった」などといろいろな考えがめぐらされ、眠れなくなり苦しい思いをするようになります。

それなら起きて何かすればよいのではないかと言われますが、深夜に起きて本を読むなどということは、なかなかできません。

私も苦しんでいるときに夜眠れませんでした。天井を見つめて、過去のことを思い出し、自分のいたらなさ、ふがいなさを責め、人をうらやんだものです。本当はうらやむ必要などないのですが、夜中などはどうしても考えが悲観的になり、暗く考えてしまうのです。

NHKに『ラジオ深夜便』という番組がありますが、深夜のこの番組を聞く人が五〇〇万人くらいいるということは、いかに眠れない人が多いかということを示すものでしょう。

ブッダはこのような苦しみを経験しないためには、勝ち負けを考えない生き方をしなさいと勧めています。

人生は碁や将棋のように勝ったり、負けたりで構成されているのです。決して勝ってばかりではないのです。時期がくれば負けることもあります。いや時期がこなくても負けたりします。

大リーガーの選手やその他のスポーツ選手も年齢が増すとしだいに能力に衰えがきます。故障などで力が発揮できなくなり、往年の実力を示すことができなくなっているのです。

私はそのような実力者ではないので、経験はないのですが、私が彼らだったら、夜、あれこれ思い悩んで眠れないということになるのではないでしょうか。

私が飛び抜けて優秀な選手なら、過去の栄光や今後の期待を考えすぎてしまい、「自分は大丈夫だろうか」「将来も勝ち続けることができるだろうか」と考え、眠れぬ夜を過ごすと思います。

また、私は「比較するな」というテーマで話をするときにはいつも「どの分野にも極めて優秀な人がいる、だから必ず負けるような人がいるのだ」という説明をしてきました。

競争というのは、勝てばうらやまれ、昂じて憎まれ、失敗を期待され、負ければ今度は自分が、劣等感や将来への不安から苦しむのです。

では、どうしたらよいのでしょうか。まさに私が今述べたことを心にとめることです。勝った者もそれほどうらやましい人生を送っているのではない。苦しい時期を過ごしているのだ。それをこちらが知らないだけなのだ、ということを肝に銘ずべきです。

一方、負けることもあるのです。しかし、人生はその分野だけが勝負の道ではないのです。

ある分野で全力を尽くしたということは、その後の人生に決して無駄にはなりません。別の分野で成功した人は、いっぱいいるのです。

菊池寛は芥川龍之介と同時代の人ですが、作家としては芥川にはるかに劣り、本人も劣等感をもっていたようです。

そのために転身し文藝春秋社を作り、芥川賞、直木賞を創設し、大出版社の礎《いしずえ》を築きました。

実際に一つの分野から撤退するときには、将来の不安があります。ある分野でだめだったから、別の分野に進んでもだめではないかという恐れがそれです。しかし、そんなことはないのです。

第一にあなたは十分に苦労し、徳を積んできました。これからさらに努力し、徳を積めば、勝利は目前なのです。

また、その人の才能は少し分野が違っただけでも大きく変わってきます。碁の名人はそのまま将棋の名人にはなれないのです。プロの一流将棋指しは、気分転換に碁を打つことが多いようですが、碁の分野ではトップになることは難しいのです。

自分のことを言うのも気が引けますが、私は文章を書く以外にまるで才能がありません。しかし、文章を書いたり、それを広めるための講演などの能力があるから今日があると思っています。

つまり、負けても別の道がある、「人の行く　裏に道あり　花の山」（株式投資の格言）なのです。

世の中はそんなものです。もし、ある分野で能力がないなら、それは別の分野で能力があるということです。

決して諦めてはいけません。勝ち負けにとらわれて、自信とやる気を失うというのが、もっともいけないことなのです。

耐え忍ぶことにより、恨みはやむ
――相手を非難することは自分に不幸を呼び込む

法句経

「実にこの世においては、およそ恨みに報いるに恨みをもってすれば、ついに恨みの止むことはない。耐え忍ぶことによって、恨みは息《や》む。これは永遠の真理である」（法句経）

今ほどこの言葉の重要性が、感じられるときはありません。

まず、恨みがなぜ恨みを増すのかを脳生理学で説明しましょう。これは自分の感覚を抑制する小脳の作用によるのです。

私たちは自分に何かの痛みを与えるときには、その痛みを予測しますから、小脳は痛みを受け取る大脳の感覚野に抑制を与え、あまり感じないようにします。

ところが、他人にやられたときには、この抑制が働かないのです。結果、他人から受けた苦痛は過大に感じやすいのです。反対に自分が与えた苦痛は過小評価するという傾向があります。

たとえば、相手の指で自分の指が押されたとき、その強さと同じ強さで相手の指を押し返すときのことを考えてみましょう。同じ強さで押し返しているつもりでも、実際には相手が押してきたときの強さよりもっと強く押し返しているのが常なのです。

つまり、自分が押し返した力は、相手が押してきた力と同じだと思っているのに、実際は相手が押した力よりもはるかに強く押し返しているのです。

そして、相手もその力を強く感じますから、「何でこんなに強い力で押すのだ」と意地になって、もっと強い力で押し返すのです。

お互いに、いつも同じ力で押しているつもりですが、これを機械で計測してみると、実際にはどんどん強く押し合っていることがわかります。双方は後でその記録を見て驚きます。

「同じ力で押したり、押されたりしていると思っていたが、どんどん力が強くなっている」と初めてわかるのです。

このように私たちは他人から受けた痛みや苦しみは過大評価し、自分が与えた痛みとか苦しみを過小評価する傾向があるのです。

このことは対人関係にも当てはまります。

相手が絶対に悪いと思って批判すると、相手はこちらを恨みます。そこで今度は「本当のことを言ったのになぜ恨んであんなことをするのか」と怒り、その人に対する態度を硬化させます。そうすると相手はさらに無礼な態度をとってくる、こんなことがよくあります。

こちらが悪くないのになぜあいつはこんな態度をとるのだと怒れば、相手もこちらについてあること、ないことを言いふらし、結局、関係は悪化の一途をたどるのです。そのような関係を見ている周囲の人は喧嘩両成敗で、「あの連中はお互いに仲良くやるということを知らない。とても組織を任せることはできない」ということになり、結局、お互いが不幸になるのです。

相手を恨むなどという場合には、お互いに相手が悪い、自分は正しいことをしているのに、なぜ相手はこんな非道なことをするのだと思うことが常ですが、よく聞くと両方に言い分があることが普通です。私はこのような場合は、両方の中間くらいに真実があると思うようにしています。

相手が非道と思われるようなことをした場合、こちらを裏切ったように思える場合、こちらの好意を無にしたように思える場合、それを恨み返さずに耐えることは、非常に難しいことです。簡単にはできません。実際、私にとっても難しいことが多くありました。

しかし、相手を非難することは、どのような場合にも徳を損なうのです。それは結果的には、自分に不運を招いてしまいます。こんなことで大事な人生を棒に振るなどということは愚かなことです。

では、どうしたらよいのでしょうか。

私は般若心経《はんにゃしんぎょう》を唱えることで解決しています。般若心経を唱えていると、努力ではどうしてもできなかった「恨みに耐える」ということができるようになるのです。不思議なことにこのような争いが、ばかばかしくなったり、思い出さないでいられるようになるのです。

相手の非道、卑劣な態度を思い出し、それを憎まない、恨まないなどということは聖人でなくてはできないことなのです。

しかし、思い出さないようになれば、耐えられるのです。また、争いがばかばかしくなれば、耐えられるのです。

般若心経にはそういう力、あなたを変身させる力があります。法句経に書いてあるのはブッダの教えですが、それをどのように実行するかが般若心経に書かれているのです。「うつ」からの脱出に大いに役立つはずです。

ブッダの教えは不思議な魅力でいっぱいです。問題点を教えられ、必ず解決法も教えてくださいます。それが般若心経に盛りだくさんに述べられているのです。

苦しみを恐れるものは悪をなすなかれ

――徳を積めば苦しみから逃れられる

法句経

今、なぜ多くの人たちは生きづらさを感じ、苦しんでいるのでしょうか。社会には閉塞感《へいそくかん》が満ち、人々は希望も夢も失いつつあります。また、さまざまな病気に苦しむ人の数は、増え続けています。

二〇一二年に認知症患者の数は、四〇〇万人を超えたと報道されました。さらに、うつ病患者のようにさまざまな心の病に苦しむ人は、五〇〇万人に上ると言われています。

また、不眠に苦しみ、睡眠薬をしだいに強いものに変えざるをえないような人も多くいます。

経済的にはどうでしょうか。いまだに若者たちが、雇用条件の悪い非正規労働者として働くのが当たり前になっています。

さらに日本を代表するような大手企業の人員削減が続き、中高年のサラリーマンが突然、職を失うという事態も起きています。

なぜ、世界有数の裕福な国と言われた日本にこのような事態が起きているのでしょう。このような不幸から身を守るにはどうしたらよいのでしょうか。

私は以前に超過労から突然、倒れたことがあります。休養しても気分が晴れず、何事にも興味がわかないという状態になりました。何もしないでいると、自分の過去の失敗を責めるようになり、自分の過去の業績、地位などは無意味だという思いに満たされました。

人間にとって「自分はまったくだめな人間だ」「過去に自分のなしたことには意味がない」などという思いをもつほど苦しいことはありません。おそらくこの本をお読みになっている読者の方の中にも、多かれ少なかれ、このような気持ちで苦しんでいる人は多いと思われます。

自分が、自分の人生が無意味だと思うようになると、生きていても仕方がないという思いに襲われます。死んだほうがましだという気持ちになるのです。このような思いから自殺する人も多いのですが、同時に苦しいけれども死にきれないという人も多くいます。まさに「生きるに生きられず、死ぬに死ねず」という極限の状態です。

私の先輩の外科医は某医科大学の副学長もし、定年後には市立病院の院長も務めました。この人はスポーツ万能で、学生時代は柔道やアイスホッケーの選手をやり、五〇歳のときにゴルフを覚え、その後シングルになりました。

また、弟子も多く、自分の医局の同門会の会長をやり、尊敬を集めていました。ところが八〇歳の頃から足のリュウマチに苦しむようになり、痛みで歩くこともできなくなったのです。夜も痛みが激しいので鎮痛剤の他に睡眠薬を用いるのですが、それでも痛みを抑えきれず、睡眠薬をどんどん強くしていったそうです。

外にも出ることができず、室内でも動くことが困難になっていたのです。まさに「死ぬに死ねず、生きるに生きられず」という具合の日々でした。

余談ですが、このような医師は少なくありません。実際、医師の平均寿命は一般の人に比べて長くないのです。ちなみに、もっとも寿命が長いのは林業、農業、水産業などに従事する人です。

さて、私や私の先輩にふりかかった苦の原因ですが、決定的な理由が見つからないのです。私の同級生で臨床をやっている、いわゆる名医と言われる人たちは「病気の八割は原因がわからない。また病気の八割は薬が効かない」と異口同音に言っています。原因がわからない、薬が効かない病気はなぜ起こるのでしょうか。

私は自分が苦しんでいるときにブッダの言葉を思い出しました。ブッダは法句経の中で、「苦しみを恐れる者は悪をなすなかれ、苦しみを厭《いと》う者は悪をなすなかれ。悪をなすものは苦を逃れることなし」と述べています。

ブッダは「人の心を傷つけることがもっとも悪だ」と言っているのです。人を殺す、盗む、悪口を言う、邪淫《じゃいん》で悪い男女関係をもつなどの行為は、いずれも関係者の心を傷つけます。

とくに地位や肩書が上がったりすると傲慢になったり、人を見下したりして、思ってもみないところで人の心を傷つけることになってしまいます。このようなことが積み重なると、いわゆる徳を損ない、その結果、心と身体が苦しむことになるのです。このような苦しみには徳を積む以外に解決策はなく、薬が効かないのは当然です。

ブッダはもし苦しみを逃れようとするなら、よいことをする、つまり徳を積む以外にないと言われます。まさしくその通りなのです。

しかし、高齢になってから徳を積んでいくことは難しいものです。とくに病気になって身動きもままならない場合には、何かよいことをすると言っても容易ではないし、そのような機会にも恵まれません。

私は自分の苦しみを軽減し、苦しまないように生きるために試行錯誤をしました。その結果、しだいに心身の苦しみがなくなり、以前のように生活することができるようになったのです。

私はこの経験や、ブッダの言葉から得られた「いかに生きるべきか」「どうしたら、苦しみを逃れ、心静かな人生を送ることができるか」ということについて、できるだけ多くの人に知ってもらいたいと思うようになったのです。

冒頭で紹介した言葉は、「うつ」から来る苦しみや不安を除くためにはとても大切な教えなので、心に刻んで、繰り返し口ずさんでください。

念起こる、これ病なり。継がざる、これ薬なり

古語

——妄想という心の雲を追い払う

他人との良好な関係を保ち、平穏な日常を送るためには、善なることを思い、悪なることを考えないことがもっともよい方法でしょう。

しかし、私たちは悪いことを考えないようにしようと思っても、おのずと考えてしまうものです。これが「念起こる」ということです。

ではどうしたらよいのでしょうか。この難題に対して、昔から禅では「念を継がな

い」ということを教えてきています。

念を継がないということは、何かが思い浮かんだときにその思いを発展させないということです。

たとえば、過去に誰かが自分に嫌なことをしたという場合を考えてみましょう。「あのときにあいつが……」と思い出します。さらに「そういえば、この前もあいつは自分にあんなことをした。本当に嫌な奴だ」と思いが発展します。

そして「そういえば、あいつだけではない、あの人も一緒になって嫌なことをした。あいつらはいつもグルになって意地悪してくる」などと発展させます。「本当に人間というのは意地悪だ。いつかテレビで『意地悪されている場合には、されるほうも悪い』などと言っていたが、そんな馬鹿なことがあるか」などと話がどんどん発展します。

当然、自分に嫌なことをした人たちに対して憎しみがわいて不愉快になります。

これが「念を継ぐ」ということです。

「継がざる、これ薬なり」という言葉は「本来、いろいろなことを思い出すということは妄想で、心が病んでいることなのだ。しかし、この念を発展させない、つまり継がないというのは、この病に対する薬なのだ」という教えなのです。

念を継いでいると、いつも何かを思い出し、考えているということになります。気持ちが何かに集中できません。当然、能率も悪くなります。

また、思い出すことは嫌なことの場合が多いので、気持ちが疲れてしまいます。このようなことが続くと夜も眠れなくなり、最後はうつ病などになってしまうのです。この見方によれば「念を継がない」ということは不眠、うつ病の良薬といってもよいでしょう。ですから「継がざる、これ薬なり」というのです。

ブッダの教えによると、私たちの心は、本来あくまでも清らかで悩みも煩《わずら》いもないものなのです。

般若心経に書かれている「心無罣礙《しんむけいげ》」というのは、元々の心は煩わすものがなく、きれいだということです。

では、なぜ苦しみとか憎しみとかがわいてくるのでしょう。ブッダの教えによると、それは輝く心を覆う雲のようなもので、この雲があるから、本来の清らかな心は光を発揮できないのだとしています。

天龍寺の開祖、夢窓国師《むそうこくし》は「雲晴れて後の光と思うなよ　もとより空に有明けの月」と詠《うた》っています。「有明け」という言葉は「有る」という言葉とかけています。

つまり、曇りのときに雲が晴れて月の光が出てきた、それは雲が晴れて光が出たのではなく、もともと光があったのだという意味です。

幕末から明治の政治家で剣・禅・書の達人として知られる山岡鉄舟は「晴れてよし、曇りてもよし富士の山、もとの姿は変わらざりけり」と詠っています。

曇っているときには富士山は見えないが、もともと雲の向こうには、変わらない富士の姿があるのだという意味です。

また、ブッダの言葉のなかには「汝らは心を守れ　怠るな。心がよく守られているならば　涅槃《ねはん》に達する」と示されています。

私たちの心は、本来あくまでも清らかで永遠に続くものだというのです。しかし、その光を覆う妄想の雲が清らかな心の働きを邪魔しているのです。

妄想の力を強めるなら、心の光が外に表れません。妄想の力は妄想を続けることで強くなるのです。

つまり念を継ぐことにより妄想の火に油を注ぐことになり、妄想、煩悩は燃え盛り、心の光は完全に煙に覆われてしまうのです。

私たちの心は無限の力をもっています。道元《どうげん》禅師（日本曹洞宗の開祖）も「もしこの心の力を発揮するなら、宝蔵《ほうぞう》（宝物がいっぱいの蔵）がおのずから開けて、自由にその力を使うことができる」と言っておられます。

さて、あなたは何がご希望ですか。何かで成功をしたいのですか。夢を実現したいのですか。

もし、そうなら無限とも言われる心の力を使わない手はありません。無限の宝の蔵の扉を開きましょう。それによりいくらでも宝が出てくるのです。

宝蔵を開き、その宝を使うには妄想、煩悩の雲を追い払う、あるいは雲を薄くする以外にありません。それには「念を継がない」ということが第一です。

仮に、何か嫌なことが思い出されたら、「念起こる、これ病なり。継がざる、これ薬なり」とつぶやいて、妄想の雲を追い払ってください。

般若心経は一切の苦しみを除く

——般若心経を唱えれば、必ずよい結果が得られる

般若心経（大乗《だいじょう》仏教のエッセンスが盛り込まれたお経）

ブッダの教えは南方に伝わった小乗《しょうじょう》仏教と、中国に伝わった大乗仏教がありますが、その後大乗思想が発展し、さまざまなお経が作られました。

そして六三二年に中国の僧玄奘三蔵《げんじょうさんぞう》がインドに入り、大般若六〇〇巻という膨大なお経を持ち帰りました。そのエッセンスが般若心経です。

大乗仏教はブッダの教えに哲学的な思考を加えたものですが、決してブッダの教えに反するとか、ブッダの教えになかったものを加えたというものではありません。あくまでも本質的にはブッダの教えそのものです。

小乗仏教は現在では上座部《じょうざぶ》仏教と呼ばれていますが、その中のブッダの教えには苦を除く方法がはっきり示されていません。

悪をなすものは苦しむということは事実でしょうが、では苦しんでいる者はどうしたら苦しみを逃れることができるのか、あるいは苦しみを軽減することができるのかということをはっきり述べていません。

徳を積んで業の借金を払い済ますことしか、苦しみを逃れる方法はないように思えます。道元禅師は「悪業報《あくごっぽう》必ず感ずべし（悪いことをしたら報いは必ず受ける）」と述べ、「懺悔《ざんげ》するごときは重きを転じて軽受せしむ、又滅罪《またつざい》清浄《しょうじょう》なさしむるなり」と述べておられます。つまり悪いことをしましたと懺悔すれば、罪は軽減できるとしています。

また、「我昔所造諸悪業《がしゃくしょぞうしょあくごう》（私は昔から多くの悪いことをしてきました）」「皆由無始《かいゆむし》貪瞋痴《とんじんち》（皆大昔からの無知、貪欲のためです）」「従身語意之所生《じゅうしんごいししょしょう》（それは口、思い、行いから生まれたものです）」「一切我今皆懺悔《いっさいがこんかいさんげ》（今私は一切を懺悔します）」という懺悔《さんげ》文《もん》というお経を唱えれば、ブッダの加護で、罪は消滅しますと言っておられます。

しかし、上座部仏教には苦を除く術は書いていません。

苦を除くことをはっきりと述べているのが、般若心経です。般若心経には「度一切《どいっさい》苦厄《くやく》（一切の苦しみ、厄を処理します）」とあり、「能除一切苦《のうじょいっさいく》（一切の苦しみを除くことができる）」と述べています。

私は私自身の苦しみの真っただ中のとき、このお経を繰り返し唱えました。その結果、般若心経の絶大な力を実感しました。

まさに「苦を除く」だったのです。とてもこんな苦しみは解決できないだろうという出来事や過去の事実が、信じられないような具合に解決し、苦しみがなくなっていったのです。

病気による「苦」は痛みという形をとります。身体の痛みなら薬の効果を期待できるでしょうが、私の場合は心の痛みですから薬が効かないのです。眠れない場合も身体の痛みなら睡眠薬を使えば眠りやすくなるでしょうが、心の痛みですから睡眠薬はかえって眠りの邪魔をして眠れないのです。

私はこれは病気ではない、ブッダのいう「苦」がこのような形で現れたものだと思ったのです。医師は薬を変えるようにアドバイスしたのですが、私は薬漬けになることを恐れ、薬を全部やめてしまいました。

そして「苦を除く力」があるとされる般若心経を繰り返し読経し、写経しました。同時に徳を積むために便所の掃除、風呂場の掃除などを心を込めて行いました。

ちょうど、般若心経の読経が一万回を超えた頃、しだいに自責の念などがなくなり、夜も眠れるようになったのです。

このとき以来私は、般若心経の力を確信するようになりました。同時に自分のような徳のない人間は人前で話したり、本を書いて意見を述べる資格はないのではないかと思い、新聞の連載、雑誌の連載、本の執筆、講演などはすべて断ったのです。

家族は非常に心配しました。医師は定年というものがなく、私の同級生でも健康な人は毎日のように診療し、医師会の仕事などをしています。

私は自分の将来について、まったく自信がありませんでした。自分が社会から消えるのではないか、そうなっても徳のなさから仕方がないと思っていたのです。私はすべて仏に任す、般若心経の仏に任すという気持ちで、とくに何かをしようとすることはありませんでした。

その間、コスモ21から出版した本を始め、私の本は売れ続けました。出版社、新聞社から引退はまだ早いのではないかと、私の〝隠居〟生活を惜しむ人も多くいたのです。その頃、最後の出版になるかもしれないという『ブッダのひと言』（中経出版）の刊行の準備をしていました。その作業をしているうちに、私の体験を苦しんでいる人々に伝えることが、私の義務ではないかと思うようになったのです。

今、私がこの本を書いているのは、このような理由によるのです。般若心経が苦を除く力があるということを皆様に知っていただくことが、仏恩に報いる道だと思うようになったのです。

今、私がこの本を書いているのは、このような理由によるのです。般若心経が苦を除く力があるということを皆様に知っていただくことが、仏恩に報いる道だと思うようになったのです。

いや、これは般若心経や南無阿弥陀仏や南無妙法蓮華経などの仏教だけに言えることではありません。

イエスの言葉や、聖書の言葉を信ずる。どんなことがあっても、くじけそうになっても信じ、必ず結果はよくなると思えば、結果はついてくるのです。

私の体験した般若心経の絶大な力は疑うことができません。般若心経を唱えている限り、最終的には必ずよい方向に向かい、よい結果が得られると信じています。実際、その通りになっています。

「うつ」で苦しむ皆さんに是非お勧めしたいものなのです。

心と身体《からだ》を慎めば苦から逃れる
――口先だけでなく一生懸命に励めば苦しみから逃れられる

法句経

「身体を慎め、言葉を慎め、心を慎め、あらゆることに慎むべし。修行者はこれによりすべての苦から逃れ得る」という言葉が法句経にあります。

「身体を慎む」とはどのようなことでしょうか。ブッダは「この身は泡沫《ほうまつ》のごとく、かげろうの如くはかなし。これを悟らば、不死の境地を得ん」と言っています。

私たちはいつ病気になるか、いつ死ぬかわかりません。東日本大震災のときに、一瞬にして多くの人が亡くなりました。また、行楽地に行ったその帰りに、一家のほとんどが死傷したという痛ましい事件などもよく報道されています。

このように私たちにはいつ災難が降りかかり、身体が壊されたり、病気で痛めつけられたりするかわからないのです。ブッダはこのような人間のはかなさ、あやうさを知って、一生懸命に努力すれば、安心の境地を得ると言っておられます。

道元禅師は「身命は露よりも軽い。過ぎ去った日を戻すことはできない。一日を一生懸命に生きれば、百年いたずらに生きるよりも勝《まさ》る」と書いています。

ブッダは「勤め励むものは永遠の命を得ん。怠《おこた》りなまくるものは生きているとはいえず。勤め励むものには死はなく、怠りなまくるものはすでに死せるといえり」と述べています。

つまり、一生懸命に励むなら死の苦しみから逃れることができるというのです。

では次に「言葉を慎め、心を慎め」とはどのようなことでしょうか。ブッダは「人のためになることを多く語らんとも、もし行い伴わざれば、怠るものと言われん」と言っています。私たちは偉そうなことを言うことは簡単です。

しかし、実際に実行できるかどうかは別です。実行できないことを言う人が多すぎますが、そのような人を非難する必要はないのです。因縁の法則により、そのような口先ばかりの人は必ず悩み苦しむ人生が待っているのです。

もし、そうなりたくなければ、口先だけの人間にならず、実践をしなさいというのがブッダの教えです。

私はさまざまな人生論者を見てきました。それらの人は多くの知識から「人はいかに生きるべきか」「過去の偉人はどのように生きてきたか」を説いています。

しかし、実践が伴わない人が大部分です。そのような人の運命を見ていると、ほとんどが苦しい病気、精神的混乱の中で人生を終えています。

私の知っているある大学の内科の教授は、一流大学の学長もした人の主治医になりました。

この学長はキリスト教徒としても非常に有名で多くの本を書き、お弟子さんも多く、さまざまな人たちにいろいろと説教をし、イエスの教えを説いてきました。

しかし、自分がガンになると、「何とかしてくれ」「死にたくない」とわめき続けたのです。周囲の人や家族は非常に困惑しましたが、本人はそんなことをまったく気にかけずに、わがままの限りを尽くし、主治医の教授にも多大な迷惑をかけたのです。

この人の主治医になった私の知人の教授は「あの人は人間ではない。学問などは自分が窮地におちいったときには、何の役にも立たないのを知って、非常に悲しかった」と述懐しています。

死後、この学長はやはり非常に尊敬され、立派な人だということになっています。全員が口をつぐんでいるからです。あまりに偉い人なので、人々の偶像崇拝を壊したくなかったのです。しかし、知っている人は本当に嫌な思いをしたと言っています。

私も自著で偉そうなことを書いていることに非常に心苦しい思いをしています。

しかし、私は、私が体験したことをお話しし、皆様により苦しまない、楽な気持ちの人生を送ってもらうために筆をとっています。もし、実行できないことがあれば、いつでも執筆をやめる決意です。

また、言ったことを実践できるように努力しています。これが「言葉を慎め、心を慎め」ということです。

また、「独りを慎め」という言葉がありますが、私たちは人のいないところでは、何をしてもよいと思いがちです。しかし、他人は知りませんが、天は知っているのです。「天網恢恢疎《てんもうかいかいそ》にして漏らさず」という故事も、このことを教えています。知られなければ、隠し通すことができれば、悪いことをしてもよいなどと考えてはいけません。

道元禅師は「もし善因善果、悪因悪果という因果律が成り立たないようなら仏法は成り立たない。この法則は毫《ごう》（ごくわずかのこと）も揺らぐものではない」と言っています。

「造悪の者は堕《お》ち、修善の者は陞《のぼ》る（悪いことを行う者は悪い結果になり、よいことを行う者はよい報いがある）」ということは真理で、決してぐらつくものではないと断言しておられます。

それは地位が高い、修行をした、悟りを開いたなどには関係なく、「心を慎む」ことがいちばん大切なのです。私は本などを出版させていただく立場にいますから、この言葉を実践できるように日々気をつけています。

何もかも捨ててしまえ

——すべて捨てると生き返る

趙州《じょうしゅう》（中国、唐代末期の禅僧。門弟との問答の多くが後の公案となった）

ある僧が趙州という名僧に「何もかも捨ててしまい、何ももっていませんが、そのようなときにはどうしましょう」と問いました。

趙州は「放下著《ほうげじゃく》」（何もかも捨ててしまえ）と言ったのです。するとその僧が「すでに何ももっていないのに、何を捨てろというのですか」と納得がいかず、食い下がりました。

趙州は「それなら、その悟りを担いでもっていけ」と言った、という話があります。この話は、いわゆる禅問答で「何もかももっていないというその悟りが重苦しい」、ということを言ったのです。

この公案（禅問答）を禅の立場から論じても難しいので、私は「捨てる」ということの重要性を話したいと思います。

私は過労で倒れ、もう社会には出ないと決意したときがあります。そのときに今まで新聞、雑誌に書いた文章のコピー、本を書くための参考書、さらに多くの自分の本を全部処分し、地域の自治会に寄付しました。千冊を超えたと思います。

なぜ、そんなことをしたかというと、とにかく「自分はこんなことをしたのだ」「こんなに有名なのだ」という思いを全部消してしまおうと思ったのです。周囲の人は大変驚きましたが、毎日物置から多くの本を取り出しました。管理人がたまたま自治会の世話人と仲がよかったので、寄付することで話をつけてもらったのです。

その後、本だけではなく、物置に置いてあるさまざまなものを捨てました。

私は家を片づけるようになってから、いかに多くのいらないものをため込んでいるかに気づきました。たとえば、過去に自分が出たテレビのビデオです。

いつかは見るかもしれない、あるいは子供や孫たちが見て、「お父さん、おじいさんは大したものだ」と思ってくれるかもしれないなどと思って保存してきました。それが押入れにいっぱいに入っていたのです。

しかし、子供たちは忙しく、これらのビデオなど見る余裕はありません。今でも彼らは私がテレビに出ていたと聞いても、そのビデオを見るなどという気持ちにはならないようです。また、私が亡くなれば、これらの処分に困るはずです。

とくに彼らのマンションにはスペースがなく、自分たちのものでいっぱい。残しておいても結局、彼らは「親に申し訳ないけど」と処分することになります。

親の出たテレビのビデオ、ラジオ番組のCDなどを捨てることはかなり勇気がいり、気がかりでしょう。そのような苦しい決断を強《し》いるくらいなら、自分で整理、処分すべきだと思い、すべてを捨ててしまったのです。

一方、雑誌や新聞などに発表した文章の切り抜きも同じです。親が活躍していた証拠にといっても、場所をとるだけです。ほんの二、三枚の切り抜きならともかく、私の場合には、スクラップブックが三〇冊以上もあったのです。

もし、子供が親を本当に尊敬しているなら、活躍した証拠などいらないはずです。私はこれらの大部分も処分してしまいました。

また、本を書くために使った参考書、英文の書物などは、どんどん時代遅れになります。それらを集めておいても書棚を占拠するだけです。

孫たちが、将来どの分野に進むかわからないのに、そんな本をとっておく必要などありません。必要ならインターネットで古本を買えますし、最新の情報も得られます。

このように考え、本も処分してしまいました。

部屋から余分なものがなくなり、書棚、クローゼット、物置からものがなくなって、きれいになるといかに気分がよいかを味わいました。

よく文豪や歴史的な偉業をなした人のもち物が展示されたり、その内容の分析からいろいろと新しいことが発見されたということが、テレビなどで報道されます。そのような例から、自分のもち物、書いた物、集めた参考書なども、いつかは何かの役に立つなどと思ったりします。

しかし、ほとんどは思い上がりです。私の知っている多くの著名人は、代が変わると所持品が処分されてしまい、何も残らないというような状態になっています。

いらないものは捨てましょう。残っている人に迷惑になるだけです。自分の業績を残そうなどということは思い上がりです。本当に偉大な人なら、他人がその人のものを集めてくれます。


私の知り合いのご両親は外国に行ったときにいろいろなものを買い、それを書棚に並べておくのが趣味でした。夫婦で「あそこはよかったね」とか「その旅行でこれを買ったんだね」などと話し合っていたそうです。

ところが亡くなってみると、それらがどこで買ったものなのか、何で大事なのか誰にもわからなくなりました。各々のお土産は大した価値があるものではありません。思い出に価値があるのです。その人がいなくなれば、誰にも価値のないものになってしまうのです。

誰にも価値のわからないものは〝がらくた〟です。子孫にとっては意味のないものです。たとえ家が広くても、そういうものがスペースをとることは、親のエゴイズムに過ぎないのです。

捨てましょう、迷惑が掛からないようにしましょう。捨てる、何もないというなかから本来無一物（人間は本来、何ももたない）とか無所得《むしょとく》（一切の物事に執着しない）の心境が生まれたり、理解できたりするのです。

これまでは物質的なものを捨てるか捨てないかという話をしてきましたが、思想とか意見も同じです。もはや古くなった理論、説などを捨てましょう。

捨てちゃいましょう。そして時代にあった新しい思想で生きましょう。また、年寄りが子供などに古い思想を押しつけるのをやめましょう。新しい時代に生きる若者を信じましょう。

いつまでも、自分の意見に固執するから、問題は複雑になるのです。時代に合った考え、生き方を取り入れることが困難を打開する道です。

私もできるだけ捨てる努力をしています。それによって、心の苦しさがずいぶん軽減されていくのです。

掃除は心の塵《ちり》を払う

——悪魔は家のなかの汚れにひそんでいる

ブッダ（釈尊。仏教の創始者）

前述したように、私たちの心は本来非常に清らかなもので、罪などの汚れもないものです。しかし、煩悩、執着の雲がこの清らかな光を覆っているので、悩み、苦しみがあるのだというのがブッダの悟りです。

禅宗などでは修行として一に掃除、二に看経《かんきん》（お経を黙読すること）、三に座禅と言われています。このように掃除は、修行の上で何よりも大事とされているのです。

また白隠《はくいん》禅師（日本臨済宗中興の祖）は、動中の工夫《くふう》（仕事や掃除をしているときに雑念をもたないようにする工夫）は静中の工夫（座禅で雑念をもたないようにする工夫）に勝ること百千万億倍なりとして、掃除、托鉢《たくはつ》などの際に心を乱さない工夫が、悟りに近づくうえで非常に大事だと言っているのです。

ですから、この項目の言葉も「掃除は心にかかる雲を払う」とでもすべきでしょうが、ここではブッダの教えである「掃除は心の塵を払う」という言葉を紹介します。

ブッダの弟子にシュリ・ハンドクという人がいました。知的障がいではないかと思うくらい物覚えが悪く、弟子たちに馬鹿にされていました。

彼は自分の名前も覚えられないのです。「シュリ」と教えると「ハンドク」という言葉を忘れ、「ハンドク」という言葉を教えると「シュリ」という言葉を忘れるくらいです。

そのため修行をしても何も効果が得られないと皆に言われ、本人も悩んでいました。これを憐れに思われたブッダは、あるときにシュリ・ハンドクを呼んで、「ハンドクや、お前は物覚えが悪いと苦しんでいるようだが、その必要はない。掃除というものは心の塵を払うものなのだよ。だからお前はこれから一生懸命に掃除をしなさい。そのときに『掃除は心の塵を払う』と思いながら掃除をするとよいよ」と諭《さと》されたのです。

ハンドクはブッダのこのお言葉をありがたく思い、それから朝から晩まであらゆるところを掃除しました。そのときにいつも「掃除は心の塵を払う」「掃除は心の塵を払う」と口ずさんでいたのです。

修行の合間に寸暇《すんか》を惜しんで掃除をし、仲間が遊んでいるときにも掃除をしている姿を見て、あるときブッダは「ハンドクや、掃除は大変ではないのかな」と聞きました。

ハンドクは「いえ、そんなことはありません。御師匠様のおっしゃる通り、掃除は心の塵を払うと思ってやっていますから」と答えたのです。ブッダは「ああ、そうか。頑張ってやるのだよ」と激励されました。

一〇年、二〇年、ハンドクは掃除をひとときもやめることはありませんでした。ハンドクの心はしだいにきれいになっていったのです。

しかし、多くの先輩が悟りを開き、悟りというものがいかに素晴らしいかを話し合っているのを聞くと、自分も悟りを得たくてたまらなくなりました。

そこで兄弟子に「どうしたら皆さんのように悟ることができるでしょうか」と聞いたのです。すると居合わせた弟子たちは「あの馬鹿のハンドクが悟りたいだって！ そんなことができるわけがない。一度脅かしてやろう」と悪事をたくらんだのです。

ハンドクを呼んで「ハンドク、悟れる方法を教えてやろう」と言ったところ、ハンドクは喜んで「それは何ですか。教えてください」と頼みました。弟子たちは「教えてやるから、言う通りにするのだぞ」と言いました。

ハンドクはうれしくてたまらないので「もちろんです、何でも言う通りにします」と答えました。

兄弟子は「これからお前の頭を殴るから、殴られたら『ありがとうございました』と言うのだぞ」と命令したのです。ハンドクは「もちろんです」と答えました。

そして兄弟子の一人は、ハンドクの頭を力いっぱい殴ったのです。ハンドクは痛いと思ったのですが、悟れると信じていたので、大きな声で「ありがとうございます」と言ったのです。皆はこれを聞いて「やはりハンドクは馬鹿だ、こんなことで悟れると思っているのだから」と大笑いしました。そして、「もっと強く殴ってやれ」とけしかけたのです。

そんな意地悪なことをされても、ハンドクは掃除を黙々と続けました。そして、ついにハンドクは悟りに至ったのです。


前述した昭和初期の代表的な禅僧である山田無文老師は、この話が好きでいつも話したり、書いたりしていました。無文老師は「学生だから、社会人だから悟れないなどということはない。真剣味さえあれば必ず悟れる」と結んでおられました。

私も反省の時期を迎えたときには、徳を積むには掃除が第一に必要だと思い、便所、風呂場をはじめ、床、玄関のたたき、出口の外、ベランダなど家中のあらゆる所を繰り返し掃除しました。

三カ月ほどして、他に仕事がもち込まれるようになり、掃除の時間を減らす必要にせまられました。今では仏壇、便所、風呂場、家中の床を拭き、それ以外の部分は汚れが目立つときのみ掃除するようにしています。

できるだけ不必要なものは捨て、家を掃除してきれいにすると非常に気持ちがよくなります。悪魔は家のなかの汚れにひそんでいると言われますが、これは本当ではないかと思っています。

あるときに大会社の社長が眠れないので睡眠薬を使っているが、何とか減らしたいと訴えてきました。私は不眠は妄想の雲が厚いために起こる。これを減らすには便所の掃除を必ず自分でやりなさいと伝えました。すると、社長の不眠はすぐに解消されたとのことです。

もし、あなたが薬で治らない、薬で痛みがなくならない病気をもっているとしたら、まず便所の掃除を自分でやることを試みてください。私は必ず痛みは軽減すると確信しています。

それがブッダの教えたことなのです。

私も掃除をするときに「掃除は心の塵を払う」と口ずさんでいます。読経もしていますから、掃除だけの効果や功徳を切り離して考えることはできないのですが、読経だけでは得られない功徳が掃除にはあると思っています。

家を汚してはいけません。

ごみくずをためてはいけません。自分の住んでいるところは自分の身体のようなものです。

これがきれいでなくて、どうして心の平静が得られるでしょうか。悩まない心になれるでしょうか。掃除は、あらゆる工夫のうちで幸福になれるもっとも効果的な方法なのです。

私も苦しいときにこの言葉を思い出し、「掃除」を行っています。そうすると不思議に心が落ち着き、「うつ」の気分から解放されていくのです。

吉凶は人によりて日によらず

——幸運や災難は日や場所の問題ではなく、心の問題

兼好法師（日本三大随筆の一つ『徒然草』の作者）

パナソニックの創業者である松下幸之助さんは「よいことも悪いことも長くは続か

ない」という名言を遺《のこ》しておられます。

まさに長い間、経営の神様として活躍して来られた人でないと言えない言葉だと思いました。

麻雀などをしていると「ついている日」と「ついていない日」があることを認めざるをえない経験をします。

しかし、その日に特徴はないのです。三のついた日とか、夕方雨が降る日がよいなどと縁起を担ぎますが、たいていは当たりません。「ついている日」と「ついていない日」には、理由がないのです。

結婚式はたいてい大安の日を選んで行います。しかし、離婚する夫婦の数は結婚した夫婦の数の三分の一に達します。大安の日に結婚すれば、幸せな家庭になるというわけでもないのです。

日本人が米国に移住すると、しばらくは吉日、凶日にこだわり、娘の結婚を大安の日にしようなどと考えます。しかし、その子供の代になるともう気にしません。同じ日本人なのに、「日」など気にしなくても、特段の問題は起こらないのです。

禅では「日日是好日《にちにちこれこうじつ》」といって、いつも好い日以外はないと教えます。欧米でも“Best day of life is always today”(もっとも好い日は常に今日だ)などと言われます。兼好法師は徒然草の中で「吉日に悪を志すに必ず凶なり。悪日に善を行うに必ず吉なり。吉凶は人にありて日にあらず」と書いています。まったくその通りです。「善因善果、悪因悪果」(よいことを行えばよい結果になり、悪いことを行えば悪い結果になる)の考えからいえば、当然です。

白隠禅師は「徳を使い尽くし、業が借金まみれになれば、必ず不幸になる。そのときになってあわてて神仏に祈ってもだめだ」と言っています。

実際、その通りです。たとえば交通事故ですが、多くの車にはいろいろな神社の厄除けのお札がぶら下がっています。交通事故を起こした両方の自動車に厄除けのお札がかけてあったりします。しかし、飲酒運転、居眠り運転をすれば、お札があろうがなかろうが、事故を起こすのです。

戦国時代の武将、武田信玄に次のような逸話があります。

信玄が出陣しようとしていたときに、一羽の鳩が飛んできて庭の木にとまりました。側近の家来どもが、「これぞ勝戦の瑞兆《ずいちょう》で、めでたきことである。さてもよき日のご出陣である」と祝福したところ、信玄はただちに弓の名手に命じてその鳩を射落《いお》とさせたのです。

そして将士を集めて「鳩は羽根があるから飛んでくるのだ。今日の鳩を吉兆などと言って、もし今後、数ある出陣の際に何の瑞兆も見なかったら、その日は悪日と言わねばならぬ。武士たるものの心得は、さような外物《とのもの》にかかわるものではない」と諫《いさ》めたと言われます。

では神仏に祈ることは意味がないかといえば、そんなことはありません。日頃から素朴な信仰をもっていれば、災難を未然に防いでくれるのです。

私は地鎮祭などの儀式には賛成で、参加してこの建物のいやさか（ますます栄えること）を祈ります。

しかし、実際にはそこで働く人が建物をうまく維持管理するように努めなくてはなりません。神頼みだけでは、災害を逃れることはできないのです。

また、私は地元の神社の大祭にも寄付します。別に町内会の人と仲よくするだけではなく、布施の心がけでやっています。

きっと、悪いことからある程度、私たちを守ってくれる力をいただいているのだと思っています。しかし、幸運を求めているからやるというような気持ちは筋違いだと思います。

私たちは因縁の法則を信じ、すべては自分の心の問題で、日や場所の問題ではないことを自覚すべきなのです。誰でも幸福になりたいと思っているでしょうし、誰でも苦しみたくないと思っていると思います。

そのためには、ある日に何かやればよい結果になり、ある方角で何かをしなければ苦しまないなどという間違った考えにとらわれないようにすることが大事です。

伊豆の龍沢寺《りゅうたくじ》の住職をされた山本玄峰《やまもとげんぽう》老師は「徳を積んで、今世より来世、今日より明日、今年より来年、来年より再来年、というようにやっていく。いいことほど早く芽が出ない。芽が出たからといって、それをまた培《つちか》っていかんとあかん。それから花が咲いたからといったって実が入らなければ何もならん。どんないいことじゃといったって、ぱっとすぐくるものじゃない」と述べています。

さらに「力をもって争うものは滅びる。いくらうまいことをやったって徳がなければ何一つ成就することはない。毎度、言う通り、やせ畑にどんな種を蒔《ま》いてもしょうがない。徳を積むということは陰徳で、人の見えんように徳を積んでいく。人の見えるようなことをするのは、誰でもする。

どんな悪いことを思ったりしても、一朝にくるんじゃない。大きな古木を一息や二息で切ったって倒れやせんけれど、ポツポツ切りよると、つっぱったってどうしたって風がなくても自然に倒れる。いくら前世で積んだ徳があっても、なしくずしに貯金を使ってしまうから、不陰徳から不陰徳、重なり合っていく。それを現在ポカッと出てくるように思う。そこが凡夫じゃ。みな宿業のなすところ」と言っておられるのです。

これは道徳でも哲学でもありません。宇宙を貫く真理なのです。ブッダが見つけられ、私たちを導くために教えられた真理なのです。

「善の報いの熟せるときは、必ず幸せを見る」という教えはこれなのです。

私はこの問題について深く考察し、反省しました。本当に実践してきたのかという問いを自分に投げかけたのです。自分に実践がなければ、嘘を言うことになり、その罪は非常に大きいといつも自戒しています。

私たちが幸せになり、「うつ」で苦しまないためには、日や方角に頼るのではなく、常に徳を積み、悪をしないようにしなくてはならないのです。

苦中楽あり、楽中苦あり

――常に宇宙の貯金通帳に徳を積むことを心がける

禅語（禅宗の文献に出てくる言葉。先人の悟りの境地が込めてある）

この言葉は、次にご説明する仏教において重要な「因縁」の話と深い関係があります。

私たちの思うこと、行うことは業という宇宙の貯金通帳のようなものに記録されます。よいことをすれば善業として、業の「貯金」になります。このように善業を積むものは、必ず幸せに恵まれるとされます。

一方、悪いこと、つまり人の心を傷つけたりすれば、悪業として業の「借金」になるのです。悪業が積まれれば、運勢は悪くなります。

このことについて達磨《だるま》（禅宗の開祖）は、次のように述べています。

「私たちは何か思いがけずよいことに恵まれると有頂天になるが、それは間違っている。よいことに恵まれるというのは、今まで業に貯金していたものを使ったようなものである。だから、すぐに徳を積んで、つまりよいことをして業に貯金しなくてはならない。一方、何かの不運に遭遇するとペシャンコになるが、それも間違っている。不運は借金を返したようなものだ。いつかは取り立てられなくてはならない借金が帳消しになったと喜ぶべきである」

あなたにとって「よいこと」つまり、収入が増えた、昇進した、有名になったなどということは気持ちがよい、心が「楽」になったということです。しかし、この「楽」

というのが、今までの貯金を使ったということになるのです。貯金がなくなれば、不運に向かうのです。

逆に困ったこと、不運なことというのは苦しい思いをするということです。苦しいということは、業の借金を払うことです。ですから、苦しいということは、幸運に向かうということになるのです。

つまり楽だと思うようになることは、苦の始まりということであり、苦しいということは楽の始まりだというのが、文頭の言葉の意味なのです。

私もうつになり、自己批判の日々を送ったときには、非常に苦しみました。こんなに苦しむなら死んだほうがましだなどと思ったことがあります。しかし、その苦しみがあったからこそ今日の私、今この本を書いている私があるのだと思っています。

今、悩み苦しんでいるあなた、あなたは目の前に幸運が近づいているのです。あなたが苦しめば苦しむほど幸運は早い速度で近づいてくるのです。決して諦めたり、自暴自棄になってはいけません。

私の知り合いにうつ病に苦しむ人がいました。薬では気分がよくならず、慢性化している人でした。

何もやる気がしない、人生に意味が見いだせない、面白いという思いがしない、人に会う気がしないなどという苦しみにもがいていたのです。

私は彼に「あなたが苦しんでいるのは、あなたがこの病から抜けられ、心が楽になる日が近いということなのですよ」と言いました。もちろん、彼は信じません。苦しみが永遠に続き、心が楽になる日はこないと思っているのです。

私は因縁による「苦中楽あり、楽中苦あり」を説明したのですが、彼は受け入れられなかったようです。私のことを宗教にのめり込んでいる人だと思ったのでしょう。

私は彼のご両親に会いました。優秀な成績で一流大学を出て、一流企業に入った彼のことを非常に心配していました。親と口を利こうともせず、悩み苦しむ姿に耐えがたいと涙を流していたのです。

私は今度はご両親に説明しました。そして、私がそうであったように般若心経の読経を勧めたのです。しかし、息子さんのために読経をしているなどということを言ってはいけないと何度も釘をさしました。

ご両親は必死で仏壇の前で読経をしたのです。その声が息子さんにも聞こえたのでしょう。あるとき、お経の声が壁を抜けて聞こえてくるような気がすると言ったのです。さらにご両親が読経を続けると、息子さんは風の音などがお経の声に聞こえると言うのです。

そこで、ご両親は改めて息子さんに般若心経の読経を勧めました。本人もお経の功徳を感じたらしく、素直に読経を始めました。すると驚くことに、長い間よくならなかった病状がしだいによくなったのです。また、睡眠薬を使わずに眠れるようにもなりました。

そして、約一年後に彼はほとんど回復し、別の職について今は元気に働いているということです。

とくに、高い地位、尊敬されるべき職と立場、そのようなものに就いている人は気づかないうちに徳を損なう、つまり業の貯金を使っていることになるのです。それが苦を生んでいるのです。

私たちは努力して人間関係をうまくできるなら、たいていの分野で成功できます。問題は成功した後です。もし、さらなる努力、人の心を傷つけないような生き方ができないようなら、必ず不運に見舞われるのです。

貧困から身を起こして一代で富を築いたというような人には、注意が必要です。なりふりかまわない努力で貯金を積んだのですから、成功したあとそれをほうっておくと借金まみれになり、運の下降が始まるのです。

とくに周囲の人は嫉妬しますから、自分の力を誇示したり、大きな家を作って自慢しようとするなどということは、決してしてはいけません。

築いた富を他人の福祉のために使うということを心掛けなくては、運を維持できないのです。

マイクロソフトを創始したビル・ゲイツ氏は、財産の多くを国連の機関や福祉の団体などに寄付しました。また、映画スターなども、福祉には非常に関心をもっています。オードリー・ヘップバーンさんやエリザベス・テイラーさんなども貧しい国に奉仕する活動をしていました。

ですから、私の述べたこの思想は仏教の専売ではないのです。優れた宗教を信じる人は皆この真理に気づき、実践しているのです。

もし、あなたが順風満帆で苦しんでいないなら、苦しんでいる人たちに「苦しみを抜ける日は近いですよ」と励ましてあげてください。必ずあなたの徳を積む結果になるでしょう。

何かよいことをするということは、努力が必要です。努力は苦しいものです。しかし、苦しいから尊いのです。楽な努力、楽をして何かをするということでは、功徳にならないのです。

ましてや口先だけで、人を激励しようとしたり、お説教をしたりしようとしても、まるで宇宙の貯金通帳に徳を積むことにはなりません。身を粉にして何かをしてあげることのなかに、あなたを幸せにする秘訣があるのです。

禅語

陰徳積めば陽報あり

――何かよいことをすれば、自分の功徳になる

徳を積めば業に貯金ができて、それが幸せの元《もと》になるということは「苦中楽あり、楽中苦あり」の項で述べました。

しかし、人に知られないように徳を積めば、功徳はさらに大きいという真理が込められているのが、この言葉です。

陰徳とは隠れてよいことをする、人に知られないようによいことをするということです。「陰徳は耳鳴りの如《ごと》し」という言葉もあります。耳鳴りは自分にしか聞こえません。自分だけしか知らないよいことを陰徳というのです。

江戸時代中期に古月禅材《こげつぜんざい》という人がおられました。白隠禅師と同じ時代です。古月

の弟子に月舟《げっしゅう》という人がいました。あるとき他の弟子たちが、月舟はこっそりうまいものを食べていると古月に訴えました。

そこでひそかに調べてみると、じつはお寺で料理をしたときに捨てた野菜の葉っぱなどを小川で洗って、それを食べていたということがわかったのです。後に月舟は金沢・大乗寺二十六世となり、曹洞宗の復活運動の先駆けとなりました。

また、古月の弟子に誠拙周樗《せいせつしゅうちょ》という僧がいました。彼は鎌倉の円覚寺の住職をしていたのですが、山門を建立しようと祈願し、寄進を募ったのです。すると江戸の豪商である白木屋が、百両寄付すると言ってきました。

誠拙はそれを聞いて「ああそうか」と言っただけでした。白木屋はむっとして「百両と言えば手前どもにとっても大金でございます。少しはお礼の一言をいただいてもよいではないでしょうか」と不満げでした。

すると誠拙は不審な顔をして「お前さんが功徳を積んで、お前さんの家が繁盛し、家内が安泰になるのに、なぜわしが礼を言わなくてはならないのだ」と言ったのです。

つまり、何かよいことをするということは、自分の功徳になることなので、誠拙としては礼を言う筋合いはなかったのです。

山岡鉄舟は「この世には人のためなどということはございませんぜ」と断言していたということです。

他人のためによいことをするということは、自分の功徳になるということで、自分が徳を積んで将来、幸せになるということです。ですから、すべては自分のためなのです。

また、「積善の家に余慶あり、不積善の家に余殃《よおう》あり」という言葉もあります。徳を積んだ家にはその功徳が子孫に及ぶ、悪いことをした家ではその不運が子孫に及ぶという意味です。

ところで、陰徳は人に知られないようによいことをするということですが、自分にも知られないようによいことをするほうが、功徳はさらに大きいのです。自分にも知られないということは、どのようなことでしょうか。

それは別に人の役に立つとか、人に尽くすなどと思わずにやったことが、結果として人の役に立っているということです。

私にも経験があります。私は多くの研究生を外国に留学させました。別にその人によいことをしようとか、よいことをしたとか思ったことはありませんでした。

しかし、後に留学させてもらったことが人生に非常に役立ったと、元研究生に感謝されることがしばしばでした。私はきっと陰徳を積んだのでしょう。

自分では意図したものではなかったのですが、結果的にそうなったということです。

求むれば苦しみを生む

――人生には常に不安や悩みがつきまとうのが当たり前

達磨《だるま》（五～六世紀の仏僧。禅宗の開祖）

ブッダは四聖諦《ししょうたい》（仏教の根本教理の一つ）の中で「求めて得られない苦しみ」をあげています。

私たちは求めて得られるほうが例外で、ほとんどのことは求めて得られないのです。

それが苦しみを生むのです。苦しまないためには、求めないということに徹するしかありません。

最近、うつ病の人が非常に増えています。患者数は一〇〇万人と言いますが、薬を処方されている人の数は、五〇〇万人とも推計されています。

たとえば、あなたが何かを求めてそれが得られないことで苦しんでいるとします。夜もいろいろ考えて眠れません。そこで、精神科の医師に相談すると、たいていは抗うつ剤を処方されます。SSRIと呼ばれる薬のうち、パキシルという薬がもっとも使われています。

ところが、この薬を使うと、やめられなくなるのです。「離脱現象」といって、仮にやめるとリバウンドでものすごく不安になり、ひどいうつ状態になるからです。医師も「薬を勝手にやめないように」と忠告します。

しかし、一度始めた抗うつ剤や抗不安薬はやめることができず、一生使わざるをえなくなります。

大学に入れない、よい就職ができない、結婚ができない、地位が上がらないという苦しみは誰にでもある苦しみなのです。ブッダもそう言っているのです。

ここで必要なことは、どうしたら苦しむことのないように考え方を変えられるか、ということです。

たとえば、よい大学に入るだけが人生で重要なことではないとか、地位が上がれば苦労も多く、昇進は素晴らしいが今の職でも幸せではないかとか、この世にはパートやアルバイトの人も多いし定職についている人は非常に少ないとか、正社員であっても人員整理で解雇されている人も多いのだとか、思考法を転換するのです。

自分には職があるのだ、給料は多いほうがよいに決まっているが、それでも収入がない状態に比べればどれくらい幸せかわからないと納得すれば、薬を使わなくてもすむのです。

しかし、早く楽になりたいという思いと、医師の側の都合が一緒になって、投薬されるのです。すると、離脱現象が怖くて、本人も医師も薬がやめられないということになり、本当のうつ病になってしまうのです。

つまり、求めることがあり、そこからくる得られないという悩みや苦しみは、誰にでもあるもので、病気ではないのです。ところが薬を使うから本当に病気になってしまうのです。

製薬会社の抗うつ剤の売上がどんどん増えるのに、うつ病の患者が減らないということはおかしなことです。もし、薬が効いているなら病人の数は、減るはずなのです。医師が、あるいは薬が病気を作っているから病人が増えるのです。

同じことは抗不安薬、睡眠薬、精神安定剤についても言えます。これらはだいたいベンゾジアゼピンという種類の薬です。

ベンゾジアゼピンのうち、睡眠をもたらすものが睡眠薬で、不安を減らすものが抗不安薬、精神を安定させるものが精神安定剤として使われるのです。

ところが、これらにはいずれも抗うつ剤と同じように離脱現象が伴います。睡眠薬はしだいに効かなくなり、どんどん強く、長時間眠れるものが処方されます。睡眠薬をやめてみると、まるで眠れません。

睡眠薬を使ったときの眠りの気持ちよさが忘れられず、どうしても睡眠薬を服用するようになってしまうのです。

医師は偉そうな顔をして、わかっているようなふりをして処方しているだけです。ですから、別の医師に処方してもらえば、まったく別の処方になるということがしばしばあります。

その結果、薬がやめられなくなるのでは、医師が病気を作っていると言われても反論はできません。精神科の医師は内心「これでよいのか」とびくびくしているのです。精神科の医師がこんなに多くなり、薬がこんなに使われているのに、患者がどんどん増えるなどということは異常です。

本来、誰もがもつ悩み、求めてしまうという人間の欲望が作った悩みは、苦しいけれども病気ではありません。

私たちは、人生への考え方を変えて、つまり求めることをやめて、苦しみや悩みを寄せつけないようにしなければなりません。それが「うつ」の克服にもつながるのです。

避けがたいことがあることを知れば、いたずらに苦しみ悩まない

――人は執着さえなければ幸せになる

増一阿含経《ぞういつあごんきょう》（仏教の原始経典の一つ）

ブッダは、

「いかなる人間にもなしとげられないことがある。一つは老いないこと、二つは病まないこと、三つは死なないこと、四つは滅びないこと、五つは尽きないこと。世の人々はこの避けがたいことに突き当たっていたずらに苦しみ悩むが、仏の教えを受けた人は、避けがたいことは避けがたいと知る。だから、このような愚かな悩みを抱くことがない」

と教えています。まさしく至言です。

地球上で「老いない」生き物など存在しません。

一方、病気ですが、誰でも病気になるのです。どんなに健康な人でも、どんなに修

行を積んだ人でも病気になります。

それがガンのようなひどい苦しみをもたらす病気の場合もあれば、老衰のようにしだいに身体が動かなくなって死ぬという場合もあります。年を取ると、身体の細胞が衰えてくるのですから、関節痛になったり、神経痛が出たりするのは当然なのです。

「病気にならない生き方」などという人生はないのです。

「病気にならないようにする生き方」はあるかもしれませんが、病気は避けがたい運命です。それを受け止め、どんな人間も年を取ると病気になる、自分だけがならないようにすることはできないのだ、と受け止めるべきです。

一休禅師は、「生まれたら　死ぬるなりけり何者も、釈迦も達磨も猫も杓子《しやくし》も」と詠《うた》っています。つまり「どんなに偉い人、悟りを開いた人でも死なないわけにはゆかない。ブッダも死んだし、達磨も死んだ」と述べて、「自分だけが例外にはならないぞ」と教えているのです。

滅びないことも避けられません。どのような政治体制も滅びます。なくなるわけではないのですが、元とは根本的に異なる状態になるのです。ギリシャもローマも繁栄しましたが、滅びました。蒙古《もうこ》もジンギスカンの時代には、ヨーロッパまで席捲《せっけん》したのですが、今はそのような力はありません。

しかし、滅びても別のシステムが成功することもあります。中国も秦、漢、清などという歴代王朝が繁栄したこともありましたが、近代になると西欧の列強に支配されてしまいました。しかし、今は生まれ変わったように繁栄に向かっています。

滅びて新しいシステムができあがるのです。

五つ目の尽きるについてですが、どのような財産も散財すれば尽きます。一生懸命尽きないように工夫しても最後は尽きるのです。徳川家も家康がいろいろ工夫しましたが、十五代目に命運が尽きることを避けることはできませんでした。

どのような家柄も繁栄が尽きる日がきます。昔から同じ名前の会社でもオーナーが創始者の家族でないことはざらです。繁栄しているような家でも、養子を迎えたり、先祖と関係ない人が屋号を使っていたりします。尽きる日はくるのです。

三菱を創始した岩崎家でも三井を創始した三井家でも、もはや会社のオーナーではないのです。子孫が昔話などをしても、他人はまた過去を自慢している、としか受け取りません。

すべては尽きるのです。尽きないと思っているだけです。何とか尽きないようにしようとしても長続きしないのです。それがブッダの教えです。

そこでブッダは「私たちは年を取るのだ。病気になり、死ぬのだ、財産も家柄もなくなるかもしれないのだ。無理をしてそれに抵抗しようとしても空しいだけだ」と覚悟を決めることが大事だと教えているのです。

何かが続かなくても、滅びても先祖に申し訳ないなどということはないのです。なぜなら、すべては滅びるからです。先祖も何かを滅ぼしたに違いありません。

チェーホフの『桜の園』ではないですが、滅びていくものは美しく見えます。滅びることを防ぐことはできないのです。貴族社会、武士の社会、江戸の庶民の社会がどんなによく見えても、それに戻ることはできないのです。

過去はどんなに懐かしがっても二度と戻ってこないのです。「兎追いしかの山、小鮒釣りしかの川」はもうない、思い出のなかにあるだけなのです。それをどんなに懐かしんでも、その時期に戻ることはできないのです。

このように、老いない、病気をしない、死なない、滅びない、尽きないなどを望むのは、何かに執着しているからです。ブッダは執着があるから自分の心が清らかであることが見えないのだと戒めています。執着さえなければ、幸せになれるのです。

人が何と言っても、執着はその人の意見・価値観にすぎません。

つまり、人の意見などを聞いて判断するより、自分の考えで判断すべきです。その際に参考にするのは、ブッダの真理の教えです。それに基づいて判断すれば間違いはないのです。

人は、得られないものに執着するのではなく、今残されているもので幸福を作り出すより他の生き方はできないのだと、肝に銘じましょう。

禅語

小因大果《しょういんだいか》

――幸福は思わぬところから与えられる

これまで何度も因縁の話、業の話をしてきました。

私たちは過去、あるいは過去生（この世に生まれてくる前に生きていた人生のこと）においてどのくらいの悪事を働いたかわかりません。気が遠くなるほど大きく徳を損なっていると思っていいのです。

たとえば、一億円くらいの借金があり、自分の努力で一回で返済できそうな額が一万円くらいだったら、全額返済できるまで一万回かかります。どれだけ不運で不幸な人生を送るのだろうかと不安になるばかりでしょう。

しかし、本当はそうではないのです。仏教には「小因大果」という言葉があります。たとえば同じことをしても、人に知られずにやった陰徳と、人に言いふらした善行では、〝貯金〟の程度が違います。

陰徳の場合には、一万円の行為が一〇〇万円にも値するのです。さらに陰徳などと思わずにやったことが、結果的に他人のためになったなどという場合には、一千万円にもなるというのが小因大果です。

Aさんのために一生懸命に尽くしたけれど、Aさんが恩知らずな行為をし、自分の恩に報いなかったなどという場合がしばしばあります。しかし、あなたは徳を積んだのですから、必ず幸運に恵まれるのです。つまり、まったく別の人から好意を受け、あなたの事業がうまくいく、仕事がはかどるというようになるのです。

私は意図しなかったのですが、多くの卒業生を外国に留学させました。その後、彼らは仕事が忙しく、あまり会うこともなかったのですが、その留学のおかげで教授選考の際に高い評価を得たとか、皆からうらやましがられたなどという卒業生たちからのお礼の手紙が、ときどき届きます。

このように留学させたということが関係者に広まり、私がよい指導者だなどという評判もたっているようです。つまり、幸福は思わぬところから与えられるのです。これも小因大果なのです。

このように考えると、人生には損をしたなどということはないということが、よくわかるでしょう。自分には運がないと思っている人も、まだ徳による幸運の期が熟していないということだけなのかもしれません。


私の息子はかつて、国際協力機構の職員としてヨルダンにいました。彼は大学受験のときにほとんどの大学に合格しなかったのですが、一つだけ受かったのがもっとも難しい大学でした。

学生時代にはボランティア活動で世界を飛び回っていました。卒業時は就職難の時期で、静岡の小さな製薬会社、地方の新聞社などことごとくだめでした。ところがボランティア活動をしているということが評価され、一〇〇倍近くの競争率の国際協力機構に合格したのです。

私は彼に「自分は幸運に恵まれているなどと考えてはいけない、徳の借金、業の借金をして今の幸運を得ているのだから、徳を積まなくてはならない。それには決して人の悪口を言ったり、足を引っ張ったりしてはいけない。人に尽くすということを第一にするようにしなくてはいけない」といつも言っています。

とくに人を差別してはいけない、イスラム教徒はキリスト教徒と対立していますが、あれだけの人々が信者になっているところを見るときっとよいところが多くある宗教のはず、このことを学ばなくてはいけない、先入観をもって人を見てはいけないと言っています。自分の赴任先で多くの人に親切にすれば、人々も好意をもって接してくれる。それが文化を知ることになり、言葉を覚える結果にもなると教えています。

ブッダは、遠くの土地で行った善、悪は決して消えない。だからどこにいても慎むことが大切だとも述べています。つまりどこにいても業は消えないのです。

「小悪といえども軽んずるなかれ」という言葉は紹介しました。同じように「小善といえども軽んずるなかれ」という言葉もあります。

ちょっとしたこと、電気のスイッチを消すこと、水を流す際に無駄にしないこと、汚れたところをきれいにすることなど、非常にささいに見えることも小因大果です。このような行為はとても大事なのです。

放《はな》てば手に満つ

――執着しなければ自然に手に入る

道元禅師（鎌倉時代初期の禅僧。日本曹洞宗の開祖）

手のひらを握り締めれば、何もつかめませんが、手のひらを広げれば、いろんなものをつかめます。何かを握りしめたまま放さず固執すれば、それ以上何も得ることができず、手を開いて手放せば他のものを手に入れるチャンスが広がるのです。

焦って何かをするとたいてい失敗し、「何とかなるさ」くらいにしておくほうが、結果がうまくいくものなのです。

少し下世話《げせわ》な話で申し訳ないのですが、昔から「金と女は追えば逃げる、ほうっておけば向こうから寄ってくる」などといいます。おそらく、これはお金や女性にだけ当てはまるものではなく、世の中のすべてのことはそのようなものだという意味なのでしょう。

自分で言うのもおかしいのですが、私はお金にはまったく執着がありません。私は故郷を離れ、東京にいます。実家の土地は、私名義のもので評価額もそれなりに高額でした。

しかし、私の弟夫婦は私たちに代わって長く両親の面倒を見てくれたので、この土地を全部譲渡しました。

驚くことに私はその後、一度もお金に苦労したことはないのです。印税など次々と所得があり、この土地代を補ってあまりあるくらいです。まさに「放てば手に満つ」なのです。

私には四人の子供がおり、九人の孫がいます。何とか孫を近くに置いていつも来てもらおうなどと勝手に思っていると、かえって嫌がられ、寄ってきません。

別に嫌われているわけではないのですが、あまり来ないのです。電話やメールで孫を寄越してくれと母親である娘に頼んでも、塾があるとか友達と会うとかで、来ないことが多いのです。

私は娘に「おかしいじゃないか、あまり親孝行でもないな」などと皮肉を言ったこともあります。娘は「お父さんはテレビの連続ドラマを見て円満な家庭を夢見ているのよ。あんな家庭はないからこそ、皆見るのよ」などと言っていました。

こちらがしだいに忙しくなり、あまり孫に来てもらっても構うことができないときなどは、今度は逆に「少し、塾の費用を出して」とか「誕生日にあれを買いたいのだけど」などと言って連絡してきます。

「去る者は追わず、来る者は拒まず」とはこのことだとつくづく思いました。

祖父母の役目はガス抜きをするのが一番と思っています。孫が言うことを聞かない、わがままを言う、母親や父親を無視したり、相手にしないような発言をする、皆、孫なりのストレス解消のためです。

ですから、祖父母はべたべたせず、「愛されたい、大切にされたい」などと思わず、孫たちの好きなようにさせればよいのです。

気づいてみると、孫は私たちを非常に愛し、大切にしてくれているということがわかるのです。

この世には私たちが所有しているものなどないのです。ブッダが悟った「諸法無我《しょほうむが》」なのです。

すべては因縁で与えられているものです。だから死ぬときには何ももってゆけないのです。

それを自分のもち物があると誤解して、それに執着するから苦しみが生まれるのです。

繰り返しになりますが、私は過労で倒れたときにすべてを捨てました。106頁の「何もかも捨ててしまえ」の項で示したように、もっているものもほとんど捨ててしまいました。

文章を書くための参考書も全部捨てたのです。その後、自分の体験を皆様に知ってもらい、悩みや苦しみから逃れるお手伝いをするのが義務だと思い、本を書き始めました。

すると不思議なことに必要な情報はいろいろなところから自然に入ってくるのです。後は自分の体験から、自分の思うように書けばよいと思うようになりました。実際、今私は何の参考書もなく、この本を書いています。

昔と違って書く材料は、富士山ろくの湧水のようにわき出てきます。少しも行き詰まるということがないのです。

これも執着を捨て、手放した結果だと思っています。

おわりに

現代の日本では、うつで苦しみ、悩んでいる方が、年々多くなっているようです。経済的な問題、閉塞した社会での生きづらさ、治らない病気など、その原因や理由はさまざまです。

しかし、あなたがどんなに「つらい」と言って政府を批判しても、会社に怒りを覚えても、また家族や知り合いに愚痴を言っても、うつや心の苦しみはなくなりません。また、地位や名声、お金を得たとしても解決しないのです。

精神科を受診しても、「はい、薬」と言われ、抗うつ剤や抗不安薬を処方されます。しかし、心の問題が薬で治るはずはありません。心の病を抱える多くの人は、病気の慢性化に苦しむのですが、苦しみの上塗りをするだけです。

この本ではブッダの言葉から、どのように苦しみから逃れ、心が楽になるかを述べました。

ブッダが説かれた教えをまとめた初期の経典に『法句経』がありますが、これはブッダの教えを代表するもので、今の私たちにとって大変に参考になる「生き方の指針」あるいは「悟り」へのヒントがたくさん説かれています。

『法句経』だけではありません。

本書で紹介した、他の初期の経典の教えにも、ブッダのなまなましい言葉が色濃く反映されているのです。

私はブッダの教えや言葉の力を心から信じており、もしそれを知ることがなければ、二度にわたる「うつ」から抜け出すことはできなかったですし、そのため今日の自分はなく、将来もないと確信しています。ブッダの教えや言葉は、恐ろしいくらい真実であると思っているのです。

よい言葉に出合ったら、その言葉を信じきることが大切です。それができれば、すでに苦しみや悩みから解放されたといってもよいでしょう。

この本が読者の皆様のうつをはじめとしたさまざまな心の苦しみを軽減し、心を楽にすることに役立つことを念じてやみません。

参考文献

『法句経』友松圓諦 訳　講談社学術文庫
『ブッダのことば』中村元 訳　岩波文庫
『ブッダの真理のことば・感興のことば』中村元 訳　岩波文庫
『法句経 真理の言葉』山田無文 著　文藝春秋社

「うつ」から薬なしで二度抜け出した脳科学医
最も効いた「ブッダの言葉」

2018年1月31日　第1刷発行

著　者――――高田明和

発行人――――山崎　優

発行所――――コスモ21
〒171-0021　東京都豊島区西池袋2-39-6-8F
☎03（3988）3911
FAX03（3988）7062
URL http://www.cos21.com/

印刷・製本――中央精版印刷株式会社

ISBN978-4-87795-362-1 C0030